LLAMADOS A ACTUAR

LLAMADOS A ACTUAR

5 DISCIPLINAS ESENCIALES PARA HOMBRES

VINCE MILLER

EDITORIAL
PORTAVOZ

La misión de *Editorial Portavoz* consiste en proporcionar productos de calidad —con integridad y excelencia—, desde una perspectiva bíblica y confiable, que animen a las personas a conocer y servir a Jesucristo.

Título del original: *Called to Act: 5 Uncomplicated Disciplines for Men, copyright* © 2020 por Vince Miller, y publicado originalmente en inglés en Estados Unidos por Equip Press, Colorado Springs, CO. Traducido con permiso. Todos los derechos reservados.

Edición en castellano: *Llamados a actuar* © 2021 por Editorial Portavoz, filial de Kregel Inc., Grand Rapids, Michigan 49505. Traducido con permiso. Todos los derechos reservados.

Traducción: Ricardo Acosta

EDITORIAL PORTAVOZ
2450 Oak Industrial Drive NE
Grand Rapids, MI 49505 USA
Visítenos en: www.portavoz.com

ISBN 978-0-8254-5977-1 (rústica)
ISBN 978-0-8254-6930-5 (Kindle)
ISBN 978-0-8254-7777-5 (epub)

1 2 3 4 5 edición / año 30 29 28 27 26 25 24 23 22 21

Impreso en los Estados Unidos de América
Printed in the United States of America

DEDICATORIA

A mi esposa Christina Lynn Miller,
quien cada día me hace un hombre mejor.

A mis dos hijos Riley Jackson y Grant Jonathan, que sean ustedes grandes hombres; y mi hija Faith Savanna, que encuentres un gran hombre; y que puedan todos ustedes criar a grandes hombres.

A Mark Wylie, quien generosamente me permitió usar su casa en Maui como un lugar para concentrarme y escribir este libro.

A mi Junta Directiva por creer en mí,
apoyarme, invertir en mí y financiar proyectos como este,
y por creer que es posible formar hombres mejores.

A cada líder de hombres que persevera
y se desempeña bien a favor de los hombres.
Podríamos sentirnos como un movimiento desorganizado,
pero quiero que sepas que estás respaldado. Tu inversión es valiosa.
Y Dios se glorifica cuando, para cumplir sus
propósitos, te reúnes con hombres.

CONTENIDO

INTRODUCCIÓN

Pues bien, ¿qué hace a un gran hombre?

He reflexionado en esta pregunta la mayor parte de mi vida. Este es casi todos los días mi primer pensamiento al despertar: *¿Qué significa* hoy *ser un gran hombre, esposo, padre y líder?*

Aun así, la mayoría de los días siento que no estoy cumpliendo mi deber a cabalidad. Y sospecho que casi todos los hombres se sienten así.

Al considerar los intercambios que hemos tenido con nuestras esposas, nuestros hijos y la gente en general, a menudo nos desilusionamos por las oportunidades que hemos perdido. Recordamos momentos en que pudimos haber sido más considerados y comprensivos, y momentos en que pudimos haber sido más intencionales. Cada día anhelamos encontrar la manera de ser mejores hombres: mejores esposos, padres y líderes. Y en ocasiones necesitamos que alguien nos indique el camino.

Para mí, ese hombre fue mi abuelo. Cuando empecé a reunirme con él, ya se había jubilado de la Marina y había perdido el cabello, pero todavía lo conocí como un individuo fuerte y muy trabajador. Era hijo de un agricultor de Oklahoma. Todos los días jugaba golf y conducía una bonita camioneta *pickup* Chevy Apache, color rojo del año 1959. Era generoso, cariñoso, paciente y disciplinado. Y, sobre todo, amaba a Jesucristo. La historia del origen de mi relación con Cristo es en realidad una historia respecto al abuelo y a todas las veces que fue mi mentor en esa camioneta de color rojo fuego.

Él fue quien me enseñó a ser hombre, porque de otra manera los hombres estarían ausentes de mi vida. Mi padre biológico se fue cuando yo tenía dos años de edad, y mi padrastro se fue cuando yo tenía quince. Después de eso pasé mucho más tiempo con mi abuelo. Y debido a que él invirtió su tiempo, mi vida cambió. No ocurrió de la noche a la mañana, sino más bien poco a poco. Su influencia me cambió para siempre.

Me enseñó a ser un verdadero hombre al seguir a un solo hombre: Jesucristo.

Cuando yo tenía veinte años, mi abuelo murió. Se lo llevó el cáncer. Él intentó ocultármelo, pero todos supimos durante años que la enfermedad se lo estaba comiendo vivo. A través de un acto de generosidad, alguien pagó para que yo viajara de la universidad a casa a fin de ver otra vez a mi abuelo. El boleto me llevó a casa a tiempo para pasar una hora final con él antes que muriera. Acostado en su cama de hospital, con toda la energía que logró reunir, entabló conmigo una última conversación. La charla realmente fue sobre cosas triviales. Chicas. La universidad. El trabajo. Y, por supuesto, la camioneta. Ninguno de los dos dijo algo profundo, pero aun así este momento fue tremendamente significativo para mí, uno de los mejores recuerdos de mi vida. A veces los momentos divinos se encuentran en conversaciones triviales. Cuando el dolor aumentó, mi abuelo pronunció sus últimas palabras: «Ahora necesito descansar», y ambos sabíamos a qué se refería. Su tiempo en la tierra había terminado. Las horas siguientes me senté en silencio al lado de su cama, esperando su muerte mientras oía el ruido ambiental de su jadeo doloroso en cada respiración. Finalmente, las pausas entre bocanadas de aire se hicieron cada vez más y más largas hasta que se le acabó la vida.

Siempre recordaré ese día. Fue un momento que me cambió la vida. Me sentí confrontado por una nueva realidad. En ese instante escuché el llamado que Dios me hacía. Fue tan claro como el día. Oré en voz alta algo así:

> *Dios, durante el resto de mi vida quiero hacer por otros hombres lo que mi abuelo hizo por mí: orientarlos.*

Eso fue hace treinta años, y todavía sigo viviendo ese pacto con Dios. Continúo haciendo todo lo posible por transmitir fielmente a los demás lo que mi abuelo me comunicó.

Propósito de este libro

Mi objetivo al escribir esta obra es responder una pregunta que creo que incomoda a los hombres de hoy. Esta es la inquietud:

- *Dios nos llama a actuar, pero ¿cómo llegamos a ser esa clase de hombre?*

Esta es realmente una pregunta de dos partes:

- *¿Qué significa ser hombre?*
- *¿Cómo se actúa como hombre?*

Pensándolo bien, es una gran pregunta. A fin de adoptar tu identidad como hombre debes saber cómo definir la hombría; luego debes pasar de esta definición a la acción real.

Creo que es fundamental no solo hacer estas preguntas, sino tener respuestas claras y sencillas. Anhelo poder alcanzar la meta de ser un gran hombre, pero también quiero enseñar con confianza a mis hijos y a los demás cómo es un hombre piadoso. De este modo transmito lo que mi abuelo me enseñó.

Reflexiona en este momento conmovedor. El rey David, uno de los líderes más grandes de todos los tiempos, está a punto de morir y entrega la batuta de mando a su hijo Salomón; escucha lo que declara:

Yo sigo el camino de todos en la tierra; esfuérzate, y sé hombre (1 Reyes 2:2).

A lo largo de los años he investigado este tema desde muchos ángulos muy diferentes. Descubrí que definir la hombría puede ser una tarea complicada. Y lo que la complica son todos los diferentes enfoques que los hombres utilizamos para definir y alcanzar nuestra identidad. He aquí algunos de los enfoques más conocidos.

En primer lugar, hay quienes deciden definir la masculinidad contrastándola con la feminidad. Y refuerzan este contraste utilizando frases como «sé hombre» y «no seas afeminado», que tienen una connotación negativa para las mujeres. Incluso las expresiones sutiles de este contraste no describen la hombría, y podrían reforzar nuestra ignorancia sobre la definición de la verdadera masculinidad, ya que muchos de los atributos de la masculinidad y la feminidad son extraordinariamente similares.

En segundo lugar, algunos tienden a describir la hombría contrastándola con la infancia. Oirás a algunos hombres hacer declaraciones como «Es hora de que madures» o «No actúes como un bebé, sé hombre». Pero estos también son intentos fallidos. Aunque este contraste podría parecer que gana terreno, no tiene en cuenta la magnificencia de la inocencia infantil, la receptividad juvenil ni la fe que Jesús apreció en los pequeños. Tal definición de la hombría se centra exclusivamente en la madurez: fortaleza física, mayor conocimiento y estabilidad emocional. Sin embargo, no podemos pasar por alto el hecho de que, si bien estas son características buenas e importantes para los hombres, no debemos dejar de lado algunos de los atributos infantiles.

En tercer lugar, existen aquellos que deciden definir la hombría basándose en un papel o una posición en la vida. Por ejemplo, describen la masculinidad por la posición de esposo o padre, o por el título profesional. Pues bien, aquí podríamos sentir que estamos llegando a alguna parte. Pero debemos hacer la pregunta obvia: *«¿Soy menos hombre si no estoy casado, no tengo hijos o no tengo trabajo?»*. En mi trayecto para convertirme en hombre siempre necesitaré alguna dirección sobre cómo sortear los retos de estos roles y estas posiciones, pero creo que nuestra definición de hombría debe trascenderlos.

Por último, hay otros que podrían definir la masculinidad como algo que se logra por medio de virtudes positivas o de evitar vicios. En realidad, *sí* avanzamos más con este enfoque. Como prueba de ello, recurrimos a una de las más grandes obras sobre este tema: *Ética nicomáquea,* de Aristóteles. Su estudio al respecto ha influido durante más de dos mil años en nuestro pensamiento acerca de la hombría y la masculinidad. Es la obra más fabulosa de su clase. Aristóteles anima a los hombres a buscar la virtud o la excelencia moral a través de nuestros propios esfuerzos y por motivación interna; afirma que cada individuo debe dirigir su propio desarrollo, motivado por su propio interés y su deseo de ser alabado por la gente. Si bien la virtud necesita gran esfuerzo y atención, para el hombre temeroso de Dios la fortaleza proviene de Dios mismo a través del poder del Espíritu, no del yo. Debemos estar motivados por el amor de Dios, no por la alabanza de seres humanos.

Puede haber otros enfoques que algunos hombres utilicen. Pero, si seguimos tras esas sendas, cada vez fracasaremos en la búsqueda, porque la cultura, las comparaciones o la búsqueda de virtudes masculinas no definen ni conforman a un hombre. En esos enfoques, la masculinidad es simplemente una construcción social, y las construcciones sociales están en constante cambio.

Solamente Dios es quien hace al hombre y define la masculinidad.

Solamente Dios es quien hace al hombre
y define la masculinidad.

Es Él quien hizo al hombre original en el inicio de los tiempos, así como a nuestro nuevo modelo de hombría: el hombre llamado Jesucristo. En Cristo tenemos la respuesta divina para lo que significa ser hombre. Dios mismo proporciona el modelo para el varón y la virilidad en Cristo, quien demuestra exactamente cómo se ve esto en acción. El hombre se define por vivir en sumisión total a la voluntad de Dios. En Cristo descubrimos todo lo que el primer hombre pudo haber sido si no hubiera decidido vivir en forma independiente de la voluntad de Dios. Cristo es el modelo, perfecto en todos los sentidos.

He ahí tu respuesta a la primera pregunta. ¿Qué significa ser un hombre? Respuesta: Jesucristo, el hombre de Dios totalmente sometido a la voluntad de Dios.

Sin embargo, la segunda pregunta es quizás más difícil de responder. *¿Cómo actúo como un hombre?*

Bueno, esta respuesta puede parecer complicada, pero no lo es. Y, sea cual sea nuestra respuesta, debe ser sencilla si queremos que los hombres actúen. Si ya revisaste el contenido del libro, ya viste la respuesta. Para actuar como hombre simplemente debes hacer dos cosas:

Oír y ***actuar***.

El modo en que realicemos estas dos actividades durante toda nuestra vida es el tema primordial de este libro. La primera parte se centra en **cómo oímos** como hombres. La segunda parte se centra en **cómo actuamos** como hombres de Dios. Y espero que esto se vuelva tan sencillo para ti que adoptes esta enseñanza por el resto de tu vida.

Este es un libro para hombres, sobre cómo llegar a ser hombres. Es para cualquiera que desee saber cómo llegar a ser un hombre de Dios. Es para tu hijo, hermano, padre, tío, sobrino y primo. Es para que los hombres lo obsequien a los hombres en sus vidas. Es para que las mujeres los regalen a los hombres. Es para hombres jóvenes en la fe, y hasta para hombres más avanzados en años. Es para grupos pequeños de hombres y para quienes participan en orientación personal. Finalmente, este libro contiene todo lo que he aprendido durante mis esfuerzos diarios por convertirme en el hombre que Dios anhela que yo sea. Y espero que también te ayude a ti.

PRIMERA PARTE

La búsqueda de un hombre que actúa

1

La búsqueda de un hombre

La historia para hombres y acerca de los hombres

Desde el principio de los tiempos, Dios ha estado buscando a hombres que lideren. Es más, tú eres ese hombre. Dios te ha proporcionado tremendos recursos: poder, dominio, autoridad, voz, e incluso un código moral para liderar en fe.

La búsqueda divina de un hombre capaz de liderar se remonta a los albores del tiempo. Dios nos creó a su imagen y semejanza. Con sus propias manos formó al hombre, el género masculino, y nos diseñó manualmente con su propia imagen en mente para nosotros; ¡qué honor! Debía haber una razón para que nos creara tan concienzudamente; debió habernos creado con intención. Desde la creación de Adán, Dios estaba buscando un hombre que lo representara, que viviera conforme a los valores divinos, que se mantuviera firme en la fe, que lo amara por completo y que administrara todo lo que había creado.

Sin embargo, la historia del hombre da un giro brusco. Todo se vino abajo cuando el hombre y la mujer comieron del fruto del árbol que Dios había prohibido. En un instante, un mundo perfecto fue manchado por el pecado. Y, cuando Dios le preguntó al hombre qué había ocurrido, este culpó a la mujer que «Dios le dio», y a su vez hizo lo impensable: culpó a Dios. Y la historia del pecado y la culpa resuena a lo largo del tiempo.

Hoy día, los hombres seguimos siendo irresponsables para actuar, igual que Adán. Nada ha cambiado. La mayoría de las veces somos tan pasivos frente a la tentación actual como lo fuimos en el huerto. Hacemos caso omiso a los mandamientos importantes y vitales de Dios. Culpamos a las circunstancias o a los demás por nuestros fracasos. No hacemos nuestra parte, no nos levantamos ni defendemos lo que es correcto. Y, en consecuencia, sufrimos la enfermedad de la apatía. Pero existe una solución. Hay esperanza.

El problema más grande que el pecado

El pecado es definitivamente un inconveniente para los hombres. Se trata de un gran problema: uno que tratamos de solucionar, pero pronto descubrimos que no podemos. Y Cristo es el único que tiene una solución para el pecado, por lo que ha decidido convertirlo en su problema a fin de resolverlo a favor nuestro. Sin embargo, podemos sentirnos tentados a utilizar nuestra libertad de la maldición del pecado como licencia para ser apáticos hacia el pecado. Pero aún tenemos una batalla que pelear. Necesitamos poder, y nuestro Dios, el de las segundas oportunidades, lo sabe. Él nos ofrece no solamente la salvación que necesitamos, sino también el poder subsiguiente para luchar nuestra guerra contra la apatía que continúa el ciclo de pecado.

Estar libres de pecado no es licencia para ser apático.

Dios nunca quiso ni diseñó que el hombre fuera apático, sino más bien que actuara. En el huerto, incluso antes de la corrupción del pecado, le concedió al hombre poder, dominio y potestad en la creación. Le otorgó autoridad y trabajo significativos. Incluso le dio la oportunidad de poner nombres y definir a todas las criaturas. Y Dios pasó tiempo con él en las tardes, caminando y hablando acerca de la creación y la vida. Me pregunto cómo debió haber sido esto. ¿Te imaginas la libertad, el poder, la autoridad, el trabajo y la relación sin obstáculos con el Dios vivo?

Y, con todo esto, el hombre solo tuvo la carga de un límite: una sola regla.

> *Puedes comer de todos los árboles del jardín, pero del árbol del conocimiento del bien y del mal no deberás comer. El día que de él comas, ciertamente morirás* (Génesis 2:16-17, NVI).

No se le entregó un libro de reglas, ni siquiera diez mandamientos. En lugar de eso se le dio solo un límite moral: un claro mandato de no comer de un árbol determinado. Dios puso poderes sobrenaturales dentro de este fruto específico de aspecto delicioso. ¿No es interesante que Dios eligiera la actividad de comer, algo que hacemos con regularidad, como el primer límite moral y también como el medio de un poder sobrenatural?

Poco después de otorgar toda esta responsabilidad, Dios permitió que se gestara algo dentro del hombre: deseo. Durante un largo período permitió que Adán viviera solo. Pues bien, aunque Dios estaba presente, dentro del hombre surgió un deseo por algo natural y humano. Sintió el deseo de compañía y relación de una naturaleza humana. Y de una manera correctamente ordenada, Dios cumplió este deseo proporcionándole mujer. La historia de la humanidad tiene un gran comienzo, pero en el siguiente capítulo de la vida se presentó un dilema.

En Génesis 3, todo se echa a perder. La mujer está en el huerto, hablándole a una serpiente. (Si esta escena es difícil de imaginar, piensa en las lagartijas parlantes que hemos visto en los anuncios publicitarios). De modo que la mujer está conversando con esta serpiente, lo cual a ella le parece un hecho natural y no amenazador; probablemente es una conversación que habían tenido muchas veces antes. La mujer, persuadida por la serpiente, toma el fruto, se lo entrega al hombre y ambos comen. La barrera se cae y el pecado entra al mundo. Ellos hacen lo único que se les ordenó que no hicieran: comer del árbol prohibido.

Y, aunque el hombre puede levantar el dedo y culpar a la mujer por todo lo que ella hizo mal, nota el papel que él tuvo en este incidente: inacción. Recuerda, el hombre recibió poder, dominio, autoridad, capacidad de supervisión, trabajo significativo, voz y una regla moral antes que la mujer fuera creada. Dados todos estos recursos esperaríamos ver y escuchar algo de parte del hombre mientras opera dentro de este estado de gran poder y autoridad. Pero la apatía es insidiosa, engañosa y astuta. Este es el gran problema del hombre. Adán no hace nada ni dice nada frente a la injusticia y el pecado, a pesar de que se le había proporcionado todo lo necesario para hablar y mantenerse firme.

Adán no hace nada ni dice nada frente a la injusticia y el pecado, a pesar de que se le había proporcionado todo lo necesario para hablar y mantenerse firme.

Eso sí, esto no fue culpa de la serpiente, ni de la esposa del hombre, y definitivamente no fue culpa de Dios, aunque el hombre intentó culparlos a todos ellos. Fue culpa del hombre: mi culpa y tu culpa. El hombre, el género masculino (es decir, tú y yo) ha permitido que la indiferencia le nuble el pensamiento; nuestra inacción ha lanzado un mundo que fue perfecto a un lugar de sufrimiento perpetuo.

He aquí la lección aprendida: el lugar estratégico para empezar nuestro viaje como hombres de Dios es tratar con el defecto de todo individuo: nuestra falta de interés. Esa apatía condujo al primer pecado y al posterior, pero podemos pelear contra esto en asociación con un Dios que derrotó al pecado por nosotros, y con el Espíritu Santo que nos da poder para la batalla continua.

La búsqueda de un hombre por parte de Dios

Toda la Biblia es una historia sobre la esperanzada búsqueda que Dios hace de tal hombre, uno que entre en el conflicto contra la apatía. Un hombre que hablará, se pondrá firme y actuará. Uno que resistirá el impulso de la apatía que hay en el corazón de cada individuo.

A lo largo de la Biblia descubrimos a muchos hombres esperanzados que pelearon valientemente contra la apatía. A menudo contamos sus historias, pero no nos damos cuenta de qué es lo que nos inspira acerca de ellos: estuvieron dispuestos a hacer lo que con frecuencia no hacemos. Sus palabras y acciones cuentan una historia sobre la derrota de la apatía del patrón masculino. Ellos nos dan una idea de cómo es el hombre de Dios: un hombre de acción. Ninguno de estos personajes fue perfecto. Todavía eran hombres caídos con sus propios momentos apáticos, pero cada uno de ellos nos da esperanza: esperanza en quiénes podemos ser cuando actuamos como hombres de Dios.

Abraham

Abraham fue uno de estos personajes. Se le conoce como «padre de la fe» y «padre de naciones». Esta identidad permanece con Abraham a lo largo de la Biblia. Incluso hoy día se le identifica a menudo como un ejemplo de lo que significa vivir fielmente como hombre, esposo, padre y líder. Él fue un hombre que lo abandonó todo, dejando su tierra natal y todas sus comodidades para seguir a Dios a una tierra que no había visto y de la que no sabía nada. Dios le dio un solo mandato y, con fe, desmontó su tienda, se volvió hacia su esposa y declaró: «Nos vamos». Dios llamó, y Abraham respondió: «¡Me apunto!», aunque no tenía ni idea de adónde iba. Abraham no tenía instrucciones, mapa detallado ni GPS., y ninguna idea de los retos que enfrentaría a lo largo del camino. A menudo, el impulso de la apatía convence a un hombre de que confíe en la rutina y se aferre a las comodidades que disfruta. No ocurrió con Abraham, quien vio mucho más allá de la apatía del momento, hacia la visión del futuro que Dios le tenía.

El libro de Hebreos declara lo siguiente acerca de Abraham:

> *Por la fe Abraham, siendo llamado, obedeció para salir al lugar que había de recibir como herencia; y salió sin saber a dónde iba. Por la fe habitó como extranjero en la tierra prometida como en tierra ajena, morando en tiendas con Isaac y Jacob, coherederos de la misma promesa; porque esperaba la ciudad que tiene fundamentos, cuyo arquitecto y constructor es Dios* (Hebreos 11:8-10).

Aprendemos mucho sobre Abraham de este corto relato de su vida. Él hizo lo que algunos hombres nunca harían. Lo llevó a cabo porque sabía que la visión de Dios para su futuro era mayor, más grandiosa y mejor que su pequeña, limitada y miope visión del momento. Abraham ofrece a todos los hombres una idea del individuo que queremos ser; del hombre que Dios desea que seamos: alguien cuya visión sea la visión de Dios, que no se ve comprometido por la realidad y la imposibilidad humanas; un hombre que responde a su llamado y actúa en fe, y que no lo paraliza el temor; un hombre que tiene una visión de largo plazo y que no se deja persuadir por aspectos de corto plazo; un hombre que se enfoca en identificar y dar el siguiente paso, en lugar de preocuparse por la brecha en la distancia entre el presente y el futuro; un hombre que se mantendrá comprometido con una realidad de la envergadura de Dios, sin importar cuán alejada esté de su vista.

¿Quién no desea ser más como Abraham? Y él es solo uno de muchos hombres íntegros. Existen más.

Moisés

> *Y nunca más se levantó profeta en Israel como Moisés, a quien haya conocido Jehová cara a cara* (Deuteronomio 34:10).

Moisés es uno de los más grandes líderes de todos los tiempos. Se le ha conocido como «maestro de Israel», un hombre que vio a Dios cara a cara. Su capacidad de liderazgo le dio repercusión entre los grandes hombres que lucharon contra la apatía. Condujo la mayor migración de seres humanos en el registro bíblico. Los sacó de cuatrocientos años de esclavitud hacia la libertad mientras los preparaba para una nueva vida en la tierra que Dios prometió, donde se convertirían en la nación de Israel. Pero la tarea no fue fácil. En varias ocasiones Moisés se enfrentó a Faraón y sus fuerzas militares egipcias; además debió persuadir mutuamente entre uno y tres millones de israelitas sin líder, con quienes no tuvo relación alguna antes, a que lo siguieran a través de un mar y dentro de un desierto. ¡Cómico! ¿Qué tal ese reto de liderazgo? ¡Me apunto! (En realidad no me apunto. ¡Cuando llevo de vacaciones a mi familia de cinco miembros quedo agotado!).

Aprendemos mucho de Moisés acerca de lo que significa ser hombre: cómo enfrentar los demonios de nuestro pasado, cómo tratar con los conflictos, cómo confiar en Dios cuando nuestra vida está en juego, y cómo actuar fielmente, aunque no conozcamos el resultado. Por medio de Moisés aprendemos a enseñar cuando sentimos que nos falta la voz. Es por Moisés y su liderazgo y enseñanzas que tenemos los cinco primeros libros de la Biblia. Sin embargo, antes que pudiera convertirse en un hombre tan esperanzador debió ganar su propia batalla contra la apatía. En el texto siguiente, incluso mientras Moisés habla con Dios, sentimos en su voz un poco de incertidumbre. Oímos a un individuo que quiere vacilar y ceder ante la indiferencia; pero sabemos que no lo hará. En cambio, se convertirá en un varón lleno de esperanza, uno que se destaca en la narración de las Escrituras como hombre de Dios.

> *Ven, por tanto, ahora, y te enviaré a Faraón, para que saques de Egipto a mi pueblo, los hijos de Israel. Entonces Moisés respondió a Dios: ¿Quién soy yo para que vaya a Faraón, y saque de Egipto a los hijos de Israel? Y él respondió: Ve, porque yo estaré contigo; y esto te será por señal de que yo te he enviado: cuando hayas sacado de Egipto al pueblo, serviréis a Dios sobre este monte. Dijo Moisés a Dios: He aquí que llego yo a los hijos de Israel, y les digo: El Dios de vuestros padres me ha enviado a vosotros. Si ellos me preguntaren: ¿Cuál es su nombre?, ¿qué les responderé? Y respondió Dios a Moisés: YO SOY EL QUE SOY. Y dijo: Así dirás a los hijos de Israel: YO SOY me envió a vosotros* (Éxodo 3:10-14).

David

Finalmente, David, entre los hombres, fue único. Dos veces en la Biblia se le etiqueta como «varón conforme al corazón de Dios».

> *Quitado este* [Saúl], *les levantó por rey a David, de quien dio también testimonio diciendo: He hallado a David hijo de Isaí, varón conforme a mi corazón, quien hará todo lo que yo quiero* (Hechos 13:22).

David es el hombre por excelencia. Fue todo lo que un hombre anhelaría ser. Siendo menospreciado desde el principio y el menor de ocho hermanos, Dios lo escogió, lo ungió y lo nombró líder de la nación de Israel. Se hizo conocer como guerrero, poeta, músico, amante, amigo, rey y líder de los cuarenta guerreros más poderosos que han pisado el planeta Tierra. David fue a guerrear sin compañía contra un gigante, inspiró a una nación y escribió majestuosos salmos que hacen llorar a los hombres. Hoy día sigue dándonos no solo esperanza para una nueva vida de valor y fe, sino para una relación vibrante con Dios. Al igual que David, nosotros también podemos luchar valientemente contra nuestra apatía.

Todo hombre falla

Cada uno de estos hombres falló. Cada uno tuvo un fracaso épico que se convirtió en parte de su historia y además en una mancha permanente en su historial. Al igual que tú y yo, ellos echaron a perder las cosas... y a lo grande.

Abraham falló cuando le dijo al rey Abimelec que Sara (la esposa de Abraham) era realmente su hermana, pues temía que los lugareños se enamoraran de tal modo de la belleza de Sara que lo asesinaran a él para convertirla en una soltera elegible (Génesis 20:1-3). Moisés pecó al tratar de proveer agua para los israelitas golpeando una roca dos veces en forma iracunda en lugar de hablarle, según Dios le había ordenado (Números 20:9-12). Y David erró al quedarse en casa cuando debió haber ido a la guerra. En lugar de dirigir a sus soldados se puso a espiar desde la terraza de su palacio a la esposa de uno de sus cuarenta hombres poderosos y decidió acostarse con ella. Peor aún, David ordenó entonces el asesinato de su leal guerrero con el fin de cubrir su pecado y hacer que la mujer estuviera de manera permanente a su disposición (2 Samuel 11:1-5).

Sin embargo, no debemos sorprendernos por los traspiés de estos grandes hombres, ya que todos fallamos. Ningún hombre es inmune al error. No podemos escapar al fracaso. El error es nuestro más grande maestro. Incluso ahora mismo podrías estar reflexionando en algunos de tus errores que solo tú conoces. Los deslices pesan en la conciencia de todos los hombres, ¡pero tú estás en buena compañía! Te encuentras en la compañía de grandes hombres que también tuvieron grandes momentos de fracaso. Sin embargo, Dios nos enseña la lección más importante: una vida de autosuficiencia y justicia propia pone al descubierto nuestra mayor apatía: no confiar en el poder del Dios vivo. Cada falta trae consigo otra oportunidad de escuchar y actuar de manera diferente que antes. Cada error es otro momento para la confesión, el arrepentimiento, el perdón, la restauración y la acción contra la apatía anterior. La lección no es que los hombres (es decir, tú) son un fracaso. Podrías sentirte así, y comentarios de otras personas a tu alrededor tal vez refuercen esto, pero no eres un fracaso. Simplemente eres un hombre creado a la imagen de Dios que ha tenido un momento de fracaso. Es por medio de nuestras faltas que Dios quiere que los hombres dependamos más de Él, para que la próxima vez, en ese momento de pasividad, recurramos a Él en busca de la fortaleza necesaria.

¿Cómo debemos resistir entonces nuestra apatía? He aquí algunos aspectos comunes en que los hombres tienden hacia la apatía, con resultados previsibles.

El error de la ira

> *Por esto, mis amados hermanos, todo hombre sea pronto para oír, tardo para hablar, tardo para airarse; porque la ira del hombre no obra la justicia de Dios* (Santiago 1:19-20).

Creo que la mayoría de los hombres luchamos con alguna forma de ira. La ira, cuando se entiende mal y no se controla, lleva a cometer faltas. La ira es destructiva en las relaciones en casa, el trabajo, el estudio y el campo de juego. Esto es cierto tanto si la ira se expresa o se reprime. Nuestra ira nos lleva a algunos a gritar, vociferar y jurar al tratar de conseguir justicia a la fuerza por una mala acción o para recuperar lo que percibimos como control sobre la situación. A otros los lleva a pensamientos y sentimientos enterrados que se desarrollan en amargura relacional que puede afectar silenciosamente a los hombres durante años.

Sin tener en cuenta la manera en que expresan o reprimen la ira, muchos hombres creen erróneamente que esta es la única emoción masculina socialmente aceptable. Las películas presentan a la ira, la venganza y la retribución masculinas en términos sensacionalistas y exagerados, lo cual nos lleva a sentir una extraña forma de alivio personal de corta duración. Pero en el fondo todos experimentaremos otras emociones. Simplemente, no creemos que la sociedad las encuentre aceptables. Y, aunque la Biblia dice claramente que es aceptable enojarse, las respuestas no moderadas al enojo llevan a resultados improductivos. Cuando la ira estimula en nosotros el impulso de actuar, es buena y saludable; simplemente debemos seleccionar respuestas productivas dignas de nuestro llamado.

Un hombre necesita prestar mucha atención para luchar contra la apatía. Debe comprender que su ira es única. Puede ser difícil de manejar. A pesar de que no debemos sucumbir a la apatía, no toda circunstancia requiere la misma respuesta. Hay ocasiones en que experimentamos una injusticia personal que requerirá paciente moderación. Jesús llamó a esto presentar la otra mejilla (Mateo 5:39). Recuerda, esto no es apatía, sino una acción correcta bien situada. Por otra parte, habrá ocasiones en que será correcto responder ante injusticias contra Dios o contra otras personas; en este caso estamos llamados a hablar y actuar en forma apropiada a favor de la justicia. Jesús demostró esto cuando entró a los atrios del templo y declaró: «Quitad de aquí esto, y no hagáis de la casa de mi Padre casa de mercado» (Juan 2:16). Discernir es la clave. Debemos identificar correctamente tanto la injusticia en juego como la respuesta apropiada y no apática. Por tanto, la ira puede causarnos problemas cuando permitimos que anule el proceso de tomar decisiones.

Como hombres debemos descubrir las respuestas correctas a la ira en cada momento en que surja. También debemos reconocer las otras emociones que actúan dentro de nosotros. No somos criaturas emocionales unidimensionales. Existen otras emociones aceptables enterradas muy profundamente debajo de nuestra ira, como heridas, tristeza y dolor. Debemos reconocer estas y otras profundas inseguridades en momentos de ira si queremos dirigir nuestras palabras y acciones por caminos justos. Debemos aprender a entender las emociones que sentimos, comprender cómo secuestran el proceso de toma de decisiones, y descubrir cómo dirigirlas y guiarlas de modo que honren y reflejen la voluntad de Dios, no la nuestra. Este es el hombre no apático. Un hombre de acción esperanzadora.

El error del orgullo

> *Abominación es a Jehová todo altivo de corazón; ciertamente no quedará impune* (Proverbios 16:5).

El orgullo es el archirrival del hombre. Al fin y al cabo, somos leyendas en nuestra propia mente. Sabes que esto es así.

Frecuentemente generalizamos nuestras tendencias orgullosas; a menudo es demasiado doloroso identificar desastres específicos cuando dejamos que el orgullo se apodere de nosotros. En ocasiones somos indolentes hacia estas tendencias porque el orgullo es como una droga para nuestra alma poco reconocida. En pocas palabras, el orgullo nos hace sentir bien cuando estamos abatidos. Cada vez nos envía un estímulo; es vigorizante para un hombre desesperado por llamar la atención. A veces necesitamos a tal grado un empujón de orgullo que culpamos y criticamos a otros. Ocultamos nuestro orgullo ante los demás siendo superficiales y poniéndonos a la defensiva. Perseguimos orgullo buscando atención y haciendo caso omiso a los demás. De cualquier manera, al final fracasamos.

Los hombres debemos lidiar con la apatía que da rienda suelta al orgullo. Debemos buscar activamente nuestra nueva identidad como siervos, sometidos a la humildad de Cristo. Cada día debemos servir a otros y buscar maneras de actuar contra nuestros orgullosos impulsos. Si somos apáticos con nuestro orgullo, este se extenderá como un virus, infectándonos la mente, alimentando nuestro ego y afectando nuestras acciones. El orgullo siempre está al acecho, listo para influir en nuestro comportamiento si bajamos la guardia. Por eso, cada día debemos tomar la decisión de someternos a Cristo. No participar en esta batalla contra el orgullo hace que nuestra derrota sea inevitable. El hombre no entregado a la apatía se mantiene en guardia, actuando diariamente en oposición a las voces suaves de la autoafirmación.

El error de la lujuria

> *Yo os digo que cualquiera que mira a una mujer para codiciarla, ya adulteró con ella en su corazón* (Mateo 5:28).

La lujuria es un conflicto para los hombres. Para muchos de nosotros puede ser el reto más persistente. Y, aunque pueda parecer un problema nuevo debido a la prevalencia moderna de la pornografía, la lujuria siempre ha sido un adversario. Se trata de un problema antiguo.

Entonces, nuestro problema subyacente no es el acceso a la pornografía ni su aceptación, ni incluso nuestra cultura hipersexualizada. El problema es una cuestión de deseo dentro del corazón del individuo. Somos apáticos a la hora de abordar nuestros deseos lujuriosos. Y no es un problema que se resuelva simplemente con el esfuerzo humano ni con la remoción del objeto que hemos representado materialmente. El problema es que no redirigimos los deseos en nuestro corazón.

La dura verdad es que los hombres luchamos con la lujuria porque preferimos dejarnos llevar por ella. Preferimos alimentar los deseos físicos, y ansiamos el subsiguiente y temporal alivio físico. Además, decidimos someternos pasivamente a nuestros deseos físicos porque no hemos descubierto la satisfacción de desear algo más hermoso y bíblico. Te prometo que la efímera liberación de endorfina que consigues del capricho lujurioso es nada comparado con la satisfacción de conocer a Cristo y hallar tu deseo en Él. Cristo es simplemente más satisfactorio; completamente satisfactorio. Un hombre esperanzado sabe esto, comprende esto y vive todos los días en esto, satisfecho no por la lujuria, sino satisfecho en Dios.

El error de la codicia

> *Dios quiere que nos apartemos de la impiedad y de los placeres pecaminosos y que vivamos en este mundo una vida sobria, justa y piadosa* (Tito 2:12, NBV).

Finalmente, nos enfrentamos a los placeres de este mundo y su tentación por más y más. La codicia alimenta más codicia, hasta que al final vivimos descontroladamente. Todos los hombres anhelan el exceso; cuando probamos un poco de algo que nos agrada es natural que queramos más. La envidia y la codicia son como gemelos de la misma familia de pecado. La diferencia entre la envidia y la codicia es que esta última es un fuerte deseo por más y más posesiones como riquezas, poder y significado, mientras que la envidia añade más leña al fuego fijándose en lo que tiene el prójimo. Los hombres codiciosos a menudo carecen de empatía y relación verdadera con los demás, y objetivan las personas y cosas. Se vuelven indiferentes hacia los intereses de los demás. A la vez, piensan solamente en ellos mismos. Un hombre codicioso tiene pocos amigos verdaderos. Sus amistades se reducen solo a las personas que sabe que tienen algo que él ansía tener. Es un individuo transaccional.

Sin embargo, un hombre piadoso comprende cuándo ya es suficiente.

No es indiferente con la codicia, y le dice «no» a sus agresivos avances en la vida, deteniendo el progreso de la codicia antes que se convierta en envidia y en la cosificación de las personas.

Al final, ninguno de nosotros escapa de todos estos errores. Ninguno de los grandes héroes bíblicos tampoco lo hizo. Desde Adán hasta el día de hoy, los errores han sido una constante en la vida de todo individuo. Pero no tenemos que permanecer pasivos e indiferentes por la presencia del fracaso. Es más, Dios tiene en mente algo muy distinto.

La búsqueda de un hombre termina

> *Busqué a alguien que pudiera reconstruir la muralla de justicia que resguarda al país. Busqué a alguien que se pusiera en la brecha de la muralla para que yo no tuviera que destruirlos, pero no encontré a nadie* (Ezequiel 22:30, NTV).

En el libro de Ezequiel vemos que Dios toma en serio la búsqueda de un hombre que «se pusiera en la brecha». No encontró ningún hombre dispuesto, pero hoy día continúa la búsqueda. ¿Qué clase de individuo busca hoy día el Señor? Pues bien, busca un hombre que escuche y actúe, un hombre que permanezca con Dios en tiempos de necesidad en que predomina la apatía.

El Dios que da poder a los hombres busca un siervo dispuesto. ¿Encontró Dios alguien en la época de Ezequiel? No. La pregunta sigue siendo: ¿Quién será el hombre de Dios?

Provisión divina

Me pregunto si Dios se irrita ligeramente con el hombre.

Sé que esto probablemente no sea cierto; sin embargo, ¿no te hace pensar?

Siguiendo el lamento de Dios en el pasaje de Ezequiel, el Señor pasa a presentar una solución funcional: Él mismo proporciona ese hombre. En este hombre autoprovisto se encuentra aquel que escucha y actúa como debería hacerlo un hombre. Después de todo, se trata de la elección de Dios; este ser es tanto divino como humano, aquel que escucha y actúa como Dios quería. Este hombre vino con poder, dominio, autoridad, voz y un código moral irrefutable. Es el hombre por excelencia. Se trata del «Hijo del Hombre». Y este hombre muestra a todos los hombres cómo ser un verdadero hombre. Su nombre: Jesús el Cristo, de Nazaret.

Desde el momento del primer error del hombre en Génesis 3, Dios sabía que la elección que Él mismo había proporcionado sería la solución.

> *Habrá siempre enemistad entre ti y la mujer, y entre tu descendencia y la de ella. El descendiente de la mujer te aplastará la cabeza, mientras tú solamente le morderás el talón* (Génesis 3:15, NBV).

En los cinco primeros libros de la Biblia se encuentran cinco predicciones más sobre la elección divina de este hombre (Génesis 9:27; 12:2-3; 49:8-12; Números 24:15-19 y Deuteronomio 18:15-18). En el resto del Antiguo Testamento hay cientos de predicciones más que nos brindan esperanza al señalarnos el final de la búsqueda de un hombre consagrado. Dios permitió la búsqueda y también fue la solución. Aunque a menudo parecía que tenía esperanza para la humanidad, Dios conocía la solución desde el principio. A través de la autoprovisión de Dios obtenemos el prototipo para todos los hombres: el segundo Adán, el renacimiento del hombre.

Fallar es necesario para obtener la gracia

Aunque creamos que fallar podría ser algo malo, da paso a algo increíble. Nuestro fracaso es inminente e ineludible; es consecuencia de nacer en un mundo caído. Y, aunque Dios no quiere que fracasemos de nuevo, cada vez que lo hacemos aprendemos otra manera de no hacer algo. Fallar es algo definitivamente mejor que no hacer nada, lo cual es apatía total. Nos castigamos por nuestras faltas. No deberíamos hacerlo. Más bien, debemos apreciar que el fracaso nos permite experimentar la parte más importante de nuestro viaje de convertirnos en hombres piadosos: el regalo de la gracia de Dios, que impulsa nuestro regreso a la batalla contra la apatía.

Fallar es definitivamente mejor que no hacer nada ni decir nada frente a la injusticia y el pecado.

Necesitamos la gracia de Dios para convertirnos en hombres de Dios. Confiar en esta gracia es lo que nos da poder para emprender nuestras batallas contra la apatía. Esta gracia es más necesaria y mejor comprendida en nuestro pecado, sufrimiento y quebranto. Los hombres vivimos en un mundo de ganancias, merecimiento y méritos que refuerzan nuestras deficiencias humanas. Cuando fallamos, sentimos el juicio de los demás, el castigo por nuestras malas acciones y, peor aún, nos juzgamos a nosotros mismos. Por tanto, los hombres de verdad se hacen por medio de la gracia de Dios. El juicio destruye a los hombres; la gracia los fortalece. Amigo, ¡necesitamos gracia! Aún más gracia, y gracia sobre gracia. Pero no abusemos de su poder; más bien trabajemos duro en cooperación con ella a fin de llegar a ser los hombres que Dios diseñó que fuéramos.

Los hombres de verdad están hechos por medio de la gracia de Dios, proporcionada por un hombre: Jesucristo.

Gracia es obtener de Dios lo que no merecemos y simultáneamente no obtener de Dios lo que merecemos. Gracia es lo que solo Cristo puede proporcionar; viene después de todo error trágico. Por medio de la gracia recibimos cuatro cosas que nos cambiarán la vida.

Los hombres encuentran identidad en la gracia

> *Por gracia sois salvos por medio de la fe; y esto no de vosotros, pues es don de Dios; no por obras, para que nadie se gloríe. Porque somos hechura suya, creados en Cristo Jesús para buenas obras, las cuales Dios preparó de antemano para que anduviésemos en ellas* (Efesios 2:8-10).

Los hombres encontrarán fácilmente su identidad en cualquier cosa disponible que comunique valor. Cuando desaparecen nuestros ingresos anuales, nuestra capacidad, nuestros logros, también se va nuestra identidad. Es decir, a menos que hallemos nuestra identidad central en algo mejor, más estable y mucho más seguro. Y, para los hombres de Dios, nuestra identidad no se encuentra en una cosa sino en una relación. Somos «hechura» de Dios y, al igual que cualquier diseñador, Él tiene una intención y un propósito para su diseño. En Dios encontramos todo lo que necesitamos para vivir nuestra identidad. Su diseño y su misericordiosa redención son la obra de sus manos. Son recordatorios de nuestra necesidad de dependencia en Él y nos recuerdan que no hallamos nuestra identidad en las cosas de este mundo sino solo en Dios. Nuestra identidad está en la gracia de Dios y en nada más.

Los hombres encuentran confianza en la gracia

Nos alegra saber que, por confiar en Jesucristo, ahora podemos disfrutar del amor de Dios, y que un día compartiremos con él toda su grandeza (Romanos 5:2, TLA).

Un hombre impulsado por la gracia de Dios descubre la confianza en Dios, no en sí mismo como el mundo enseña. Repito, no es una cosa lo que nos proporciona confianza, sino una persona: Dios. Él nos concede confianza para actuar cuando sentimos un impulso hacia la inacción o nos sentimos golpeados por el pecado, que es el último recordatorio del fracaso. Con la gracia no tenemos nada que perder, ya que esta exige que reconozcamos que ya estamos perdidos. Necesitamos confianza en la salvación de Dios para dar otro paso. En la gracia vivimos como ganadores, disfrutando la victoria sobre el pecado que Cristo ganó por nosotros. Nuestro orgullo y nuestra confianza vienen de Él, no de las cosas de este mundo. Nos mantenemos confiados porque sabemos que Dios obtendrá todo el reconocimiento mientras nuestros errores son perdonados.

Los hombres encuentran en la gracia sus medios de acción

Nuestra gloria es esta: el testimonio de nuestra conciencia, que con sencillez y sinceridad de Dios, no con sabiduría humana, sino con la gracia de Dios, nos hemos conducido en el mundo, y mucho más con vosotros (2 Corintios 1:12).

Si estás buscando conducta, integridad, sinceridad y sabiduría correctas, todas ellas se activan con la gracia. En lugar de hallar fortaleza en el ingenio personal, confiamos en la sabiduría de Dios. Su sabiduría, transmitida a través de la Biblia, es nuestro medio de acción. Actuamos según sus palabras. La obediencia es impulsada por la gracia de Dios. Aunque antes caíamos irremediablemente en pecado, con la gracia es posible que aún caigamos, pero luego nos desempolvaremos de nuevo, sabiendo que tenemos otra oportunidad. Y otra. Y aún otra, infinitamente, pero ahora confiamos de nuevo en su sabiduría para actuar un poco diferente, paso a paso. Aparte de Dios no podemos hacer nada, pero con Él todo es posible. Es la gracia de Dios la que impulsa puramente nuestros medios de acción.

Los hombres deben recibir gracia para llegar a ser hombres

> *Si por la transgresión de uno solo* [Adán] *reinó la muerte, mucho más reinarán en vida por uno solo, Jesucristo, los que reciben la abundancia de la gracia y del don de la justicia* (Romanos 5:17).

Finalmente, la gracia es el medio para convertirnos en hombres de Dios. Es extraño e insólito, pero este es el único ritual de iniciación hacia la verdadera hombría. La mayoría de las culturas a lo largo del tiempo y la geografía han hecho uso de rituales de iniciación. Los pueblos han entendido desde hace mucho tiempo que, sin indicadores claros en el viaje hacia la hombría, los varones adolescentes tienen dificultades para hacer la transición y se desvían. Por tanto, los ritos de iniciación se identificaron en casi todas las culturas como una de las prácticas más importantes de la comunidad para varones jóvenes.

La gracia es el único ritual cristiano de iniciación hacia la verdadera hombría.

Si bien casi toda cultura tiene rituales de iniciación, existe gran diversidad en cómo es cada uno de ellos. El elemento común ha sido históricamente una experiencia que implica dolor emocional y físico, y que requiere que un muchacho atraviese la prueba de la masculinidad: una demostración de valor y resistencia, y la capacidad de controlarse.

A pesar de que estas virtudes (valor, resistencia y dominio propio) son importantes, el ritual cristiano de iniciación profundiza en lo fundamental de los problemas del hombre. Un ritual cristiano de iniciación no tiene que ver con autosuficiencia, sino más bien con dependencia completa y total. No se supone que debamos lograr independencia, sino más bien que nos sometamos por completo en dependencia a Cristo. Después de todo, Él es quien nos posibilita esto para que nos convirtamos en hombres de verdad. Nuestro único ritual es este: la aceptación total de la gracia que resulta en dependencia total. Cuando un hombre aprende a confiar en el poder de la gracia se vuelve menos apático hacia Dios y sus caminos, y por tanto se convierte en hombre de Dios. Esta es una ceremonia continua que todos los hombres deberían adoptar a diario, no una sola vez. Debemos aprender la senda de la gracia para recorrer el camino de un hombre piadoso.

Eres el hombre que Cristo busca

> *Jesús dijo a sus discípulos: Si alguno quiere* venir *en pos de mí, niéguese a sí mismo, y tome su cruz, y sígame* (Mateo 16:24).

Dios quiere que los hombres sean aventureros y valientes. Anhela que reclamemos la hombría. Somos hombres escogidos por Dios y debemos responder al llamado y actuar. Es a ti a quien Dios quiere; el camino a seguir no es fácil, pero está lleno de gracia y aventura. Como dijera Jesús, simplemente «sígueme».

2

El hombre está llamado a escuchar

Un hombre que escucha a Dios

«Cariño, ¿me escuchaste?», preguntó mi esposa.

Por supuesto que lo hice —pensé para mí mismo—. *¿Qué será lo que dijo?*

Apuesto a que nunca te pasa eso. Tu esposa, jefe, amigo o pariente dice algo, pero estabas tan absorto en tus propios pensamientos o tan distraído en tu trabajo, en un partido o en algo de la televisión, que literalmente no oíste nada. Ni una sola palabra. Incluso puede que hayas respondido, pero no recuerdas una palabra de lo que te dijeron.

Escuchar de manera superficial y distraída es un reto en cualquier relación. Soy culpable de ello todos los días. Me pierdo momentos críticos en una conversación porque en realidad no estoy prestando toda mi atención a la conversación, al correo electrónico, la conferencia o la reunión que tiene lugar frente a mí. Y, aunque podemos salirnos con la nuestra en las relaciones humanas, esto puede ser catastrófico en nuestra relación con Dios. Una de las más conocidas parábolas de Jesús, la del Sembrador, aborda esta misma cuestión.

> *Una vez más Jesús comenzó a enseñar a la orilla del lago. Pronto se reunió una gran multitud alrededor de él, así que entró en una barca. Luego se sentó en la barca, mientras que toda la gente permanecía en*

> *la orilla. Les enseñaba por medio de historias que contaba en forma de parábola, como la siguiente:*
>
> *«¡Escuchen! Un agricultor salió a sembrar. A medida que esparcía la semilla por el campo, algunas cayeron sobre el camino y los pájaros vinieron y se las comieron. Otras cayeron en tierra poco profunda con roca debajo de ella. Las semillas germinaron con rapidez porque la tierra era poco profunda; pero pronto las plantas se marchitaron bajo el calor del sol y, como no tenían raíces profundas, murieron. Otras semillas cayeron entre espinos, los cuales crecieron y ahogaron los brotes, así que esos brotes no produjeron grano. Pero otras semillas cayeron en tierra fértil, y germinaron y crecieron, ¡y produjeron una cosecha que fue treinta, sesenta y hasta cien veces más numerosa de lo que se había sembrado!». Luego les dijo: «El que tenga oídos para oír, que escuche y entienda»* (Marcos 4:1-9, NTV).

Me encanta cada palabra y acción cuidadosa de Jesús aquí. Se sube a una barca con el fin de crear una experiencia de anfiteatro al aire libre para la multitud reunida. Al hacer eso se asegura de que todos (quiero decir todos) puedan *escucharle*. Con el sonido repitiéndose nítidamente a través del agua, les llama la atención con el grito: *«¡Escuchen!»*, y luego cierra su discurso con la declaración: *«Si resulta que ustedes tienen oídos, entonces pongan atención a lo que estoy diciéndoles, porque es muy importante»*. Esa es una paráfrasis, pero captas la idea. Jesús está diciendo que más te vale que lo *escuches*. Y la historia en el núcleo de la lección resalta lo bien que los hombres escuchan. Jesús hace uso de conocidas metáforas agrícolas para asegurarse de que todos lo entienden, ya que todo el mundo en aquella época se dedicaba de alguna manera a la agricultura.

¿Cómo podría alguien pasar por alto el mensaje principal de la historia? Pues bien, lo hicieron entonces y aún hoy lo siguen haciendo.

Escuchar al terreno y a la semilla

Cuando Jesús utilizó la imagen de un agricultor esparciendo la semilla por el campo, todos los que escuchaban la historia habrían sabido de qué se estaba hablando y también habrían estado familiarizados con los cuatro tipos de terreno en los que la semilla cayó.

El camino es el límite de la propiedad. Al ser el lugar designado para que la gente camine, la tierra se endurece y se compacta. Es muy difícil que la semilla esparcida permanezca en la superficie y, por tanto, no penetra en la tierra, por lo que se convierte en alimento para las aves.

La tierra poco profunda con roca debajo de ella es culturalmente distinta, ya que la topografía de Israel parece como si una gigantesca piedra caliza explotara sobre el campo. Las rocas visibles sirven como materia prima para muros y mojones, pero parte de la caliza restante está oculta a pocos centímetros de la superficie. La parte superior del suelo parece fértil, hasta que el calor calienta las capas de roca calcárea que están a solo centímetros de la superficie. Esto cocina las raíces de cualquier brote nuevo, destruyendo las semillas poco después que asoman sobre el suelo.

Los espinos son un terreno conocido por tener potencial para obtener resultados, pero la tierra alberga un depredador: la maleza. Estas malas hierbas espinosas ahogan la semilla buena y su potencial total. Las semillas se abren, brotan y crecen, pero no pueden producir porque nunca llegan a su plena madurez.

La tierra fértil, en comparación con las otras tres clases de suelo, sí produce. Y los resultados son increíblemente prolíficos.

Sin duda, la multitud se espabiló en este punto de la historia. ¿Treinta, sesenta y hasta cien veces más de rendimiento? Estos son resultados increíbles. Pero recuerda que Jesús no está brindando una lección agrícola; está enseñando una lección espiritual sobre lo que significa ser un seguidor que *escucha.* No es un relato sobre agricultura, sino sobre los resultados de escuchar con eficacia.

Las cuatro maneras en que los hombres escuchan

Jesús nos estaba ayudando a entender cuatro formas en que los hombres escuchan y el resultado de cada una de ellas. En esta historia, cada *terreno* representa un grado de receptividad humana, la eficacia esencial con la que escuchamos. *La semilla* representa la verdad, y no solo cualquier verdad, sino *la* verdad: la verdad de Dios. *El sembrador* es alguien que siembra la verdad de Dios, que (en este momento) resulta ser Jesús (pero el sembrador en la historia podría representar a cualquiera que proclama la verdad). El punto final de la narración es resaltar el poder de una forma particular en que los hombres escuchan, mostrándonos primero tres maneras en que no lo hacemos.

El camino representa a un hombre que *no está dispuesto a escuchar.* Recuerda: la verdad se está esparciendo o proclamando, y *él* la oye, pero se niega a actuar. Podría no estar interesado en la búsqueda de la verdad o podría creer que su propia verdad es la única que existe, o simplemente podría no estar dispuesto a renunciar a su actual posición y perspectiva. Al final no es receptivo al llamado de la verdad. El hecho de que decida no actuar nos muestra que, en realidad, no escuchó.

La tierra poco profunda con roca debajo de ella representa a un hombre que *inicialmente escucha*. Con gran entusiasmo inicial, oye la verdad y tiene una receptividad temprana. Tal vez la verdad le ha provocado una respuesta emocional; escucha y demuestra acción inicial, pero no persiste en realizar una acción continua con relación a la verdad; como resultado, cuando el entusiasmo desaparece, su obediencia se marchita y muere.

La tierra con espinos representa a un hombre que *escucha parcialmente*. Pero los depredadores de este hombre son todas las demás cosas a las que él presta atención y que le impiden escuchar solamente la verdad de Dios. En consecuencia, este hombre persigue otras verdades aparentes, no solamente *la verdad*. Sus búsquedas restringen e impiden el crecimiento total de la verdad en su corazón, de modo que, aunque escucha un poco más que el hombre anterior, e incluso actúa un poco, con el tiempo las demás ideas en competencia le pervierten y obstaculizan el crecimiento de la verdad de Dios. Al final, nuevamente se impide la verdadera acción.

La tierra fértil representa al hombre que *escucha a plenitud*. Este individuo es totalmente receptivo a la verdad de Dios y, al final, es el único que produce algo. Jesús hace hincapié especial en que el hombre receptivo es muy productivo porque *escucha* y *actúa* basándose en la verdad de Dios.

Integridad motivacional no es simplemente una integración conductual entre oír y actuar, lo que puede resultar en fingimiento e hipocresía; es oír la verdad, permitir que afecte nuestros deseos humanos y luego actuar en consecuencia.

Si bien escuchar es la integración exitosa de oír y actuar, Jesús busca aquí otro nivel de integridad en el escuchar. No se trata solo de escuchar: debemos oír y actuar, y *también* volvernos motivacionalmente receptivos a permitir que la verdad actúe sobre nuestros deseos. Esta integridad motivacional no es simplemente integración conductual entre oír y actuar, lo que puede resultar en fingimiento e hipocresía; es oír la verdad, permitir que afecte nuestros deseos humanos y luego actuar en consecuencia. A partir de aquí, un hombre produce evidencia visible que resulta en treinta, sesenta y hasta cien veces lo que se espera. La verdad se ha arraigado ahora no solo en su comportamiento, sino en lo profundo de su alma.

Con el paso de los años me he dado cuenta de que nos categorizamos rápidamente de acuerdo con estos tipos de terreno, seleccionando uno como el que se adapta mejor a nuestra naturaleza. Aunque podría haber una correspondencia definitiva, es más probable que al mismo tiempo compartamos características de todos estos terrenos. Por ejemplo, podríamos ser duros, poco profundos, espinosos y hasta receptivos respecto a la verdad de Dios transmitida por una persona particular en una forma particular, todo al mismo tiempo. En cierto momento podemos ser muy receptivos a ciertas clases de verdad, presentadas por ciertos tipos de personas, pero nos volvemos cada vez más resistentes cuando estas situaciones se alteran ligeramente. Cuando somos muy receptivos, escuchamos y actuamos plenamente. Pero algunas verdades son más difíciles de aceptar para nosotros. Dependiendo del asunto, podríamos escuchar *inicialmente* antes de regresar a nuestra posición anterior, *parcialmente* sin hacer los cambios drásticos que la verdad requiere, o puede que no estemos *dispuestos* a escuchar en absoluto. En estos casos, produciremos resultados no muy deseables. Sinceramente, a veces la verdad puede parecernos incómoda. Puede exigir un trabajo preliminar desafiante, la remoción de grandes obstáculos y hasta de algunas malezas; en ocasiones somos menos receptivos porque la respuesta exige mayor esfuerzo del que estamos dispuestos a soportar. Todos los hombres encuentran esto retador. Habrá circunstancias y relaciones en las que resistimos la verdad de Dios debido al esfuerzo requerido para vivir esa verdad.

Ritual de la masculinidad cristiana

Sin embargo, lo que ocurre es esto: mientras que gracia es el medio de la hombría, escuchar es la evidencia... es nuestro ritual de iniciación.

Escuchar es nuestro ritual de iniciación en la masculinidad cristiana.

Muchas culturas, a lo largo de la historia de la humanidad, han tratado de registrar con eficacia los atributos, las virtudes y las conductas de la masculinidad. Algunas incluso han desarrollado ceremonias elaboradas (llamadas rituales o ritos) para los varones jóvenes que están llegando a la mayoría de edad. Sin embargo, el ritual cristiano activo de iniciación del varón hacia la masculinidad no está marcado por una ceremonia, sino más bien por la receptividad continua del joven a la verdad de Dios, y se evidencia por su respuesta fiel. Cuando actuamos en sumisión a la enseñanza, la reprensión, la corrección y la preparación que proporcionan Jesús y su verdad, demostramos evidencia de hombría cristiana. Nuestra «ceremonia» consiste en diaria receptividad y capacidad de respuesta a la verdad de Dios.

> *Toda la Escritura es inspirada por Dios y útil para enseñar, para reprender, para corregir y para instruir en la justicia* (2 Timoteo 3:16, NVI).

Debemos entrenarnos todos los días en nuestra búsqueda de piedad. Un hombre justo está dispuesto a escuchar la verdad y actuar con inmediatez. Escuchar más actuar es nuestro ritual; es nuestra evidencia, nuestra señal de madurez continua. Muchos creen erróneamente que obtenemos naturalmente la madurez al llegar a cierta edad o al tener cierto grado de experiencia, que en algún momento obtendremos en forma pasiva la capacidad de actuar de acuerdo con la verdad de Dios. ¡No es así! La acción obediente que afecta diariamente el corazón es la evidencia de la madurez, no al revés. Nuestra receptividad y respuesta a la gracia y la verdad de Dios es el único ritual de iniciación en la masculinidad y la madurez cristianas.

En definitiva, el verdadero problema con los hombres es que motivacionalmente somos poco receptivos, como lo evidencia nuestra mala manera de escuchar. Y escuchamos parcialmente en una de varias maneras.

Negación

> *Negó Pedro otra vez; y en seguida cantó el gallo* (Juan 18:27).

Esta situación cerró un desafortunado capítulo en la vida de Pedro. El hombre que aseveró que nunca negaría a Cristo había hecho precisamente eso. No solo una vez, ni dos, sino tres veces, tal como Jesús había profetizado. Este no fue el mejor momento de Pedro, pero a veces los hombres reaccionamos así cuando nos acorralan y confrontan. La negación es un mecanismo de defensa; es una respuesta a una verdad que no nos gusta. Intentamos desviar nuestra atención tanto de la sorprendente realidad externa como de los sentimientos provocados dentro de nosotros. Con frecuencia este es un miedo o una vergüenza que tenemos acerca de nuestras motivaciones y nuestros deseos, y enterrada en lo más profundo de nuestros corazones yace una verdad que simplemente nos da miedo admitir.

La Biblia nos informa que Pedro negó a Cristo por temor. Tenía miedo de que, si confesaba su asociación con Cristo, esto le acarrearía daño físico. Pero en lugar de encarar sus temores, o quizás su deseo de seguridad y protección, les hizo caso omiso o los ocultó, lo que lo llevó a negar públicamente su asociación y tomó el camino más fácil.

La negación entorpece el ritual de iniciación de un hombre hacia el descubrimiento de las inseguridades ocultas dentro de su corazón. Tal vez públicamente esto lo haga parecer fuerte por el momento, pero por dentro ha tomado un enfoque cobarde.

Más bien, los hombres que están llamados a actuar reconocen el impulso de negar, escudriñan profundamente la razón por la que se sienten así, y luego aceptan las inseguridades que tienen. Tratan de frente con sus inseguridades, incluidos el miedo y la vergüenza, y se aferran a la verdad apoyándose en la fortaleza divina cuando se sienten débiles. Al final se aferran a la verdad y reciben con agrado todas sus consecuencias.

Los hombres que están llamados a actuar reconocen el impulso de negar, escudriñan profundamente la razón por la que se sienten así, y luego aceptan las inseguridades que tienen y deciden actuar piadosamente.

Autojustificación

Un intérprete de la ley se levantó y dijo, para probarle: Maestro, ¿haciendo qué cosa heredaré la vida eterna? Él le dijo: ¿Qué está escrito en la ley? ¿Cómo lees? Aquél, respondiendo, dijo: Amarás al Señor tu Dios con todo tu corazón, y con toda tu alma, y con todas tus fuerzas, y con toda tu mente; y a tu prójimo como a ti mismo. Y le dijo: Bien has respondido; haz esto, y vivirás. Pero él, queriendo justificarse a sí mismo, dijo a Jesús: ¿Y quién es mi prójimo? (Lucas 10:25-29).

Este no es un gran momento para este experto en la ley. Al debatir la verdad con Jesús, espera hacerse pasar por justo, pero termina pareciendo ridículo.

Jesús responde astutamente la respuesta del intérprete de la ley con una historia, y el hombre se ve obligado a escuchar. Está claro que Jesús no responde directamente la pregunta inicial de este experto en la ley. En lugar de eso tiende una trampa, un verdadero dilema que lo obligará a admitir sus propios defectos. He aquí la historia:

> *Respondiendo Jesús, dijo: Un hombre descendía de Jerusalén a Jericó, y cayó en manos de ladrones, los cuales le despojaron; e hiriéndole, se fueron, dejándole medio muerto. Aconteció que descendió un sacerdote por aquel camino, y viéndole, pasó de largo. Asimismo un levita, llegando cerca de aquel lugar, y viéndole, pasó de largo. Pero un samaritano, que iba de camino, vino cerca de él, y viéndole, fue movido a misericordia; y acercándose, vendó sus heridas, echándoles aceite y vino; y poniéndole en su cabalgadura, lo llevó al mesón, y cuidó de él. Otro día al partir, sacó dos denarios, y los dio al mesonero, y le dijo: Cuídamele; y todo lo que gastes de más, yo te lo pagaré cuando regrese. ¿Quién, pues, de estos tres te parece que fue el prójimo del que cayó en manos de los ladrones? Él dijo: El que usó de misericordia con él. Entonces Jesús le dijo: Ve, y haz tú lo mismo* (Lucas 10:30-37).

El intérprete de la ley sabía que Jesús le había desenmascarado sus verdaderas intenciones, poniéndole al descubierto sus intentos de justificar su indisposición de ayudar a otros que no eran como él.

Cuando intentamos justificarnos a nosotros mismos, escuchamos solamente las respuestas que queremos oír. En lugar de escuchar atentamente, podemos hacerlo solo en parte, ya que *nuestra* verdad está desplazando a *la* verdad. Además, escuchamos las contrarrespuestas como ataques personales, ya que hemos personalizado nuestra verdad. Como resultado, no aprendemos a reconocer nuestros errores de juicio y continuamos viviendo en una realidad propia. La autojustificación obstruye el crecimiento en el viaje de un hombre hacia la hombría. Esto detiene eficazmente el crecimiento.

El hombre de Dios entiende que solo hay uno que justifica, y ese es Dios. Cuando nos justificamos a nosotros mismos, jugamos a ser Dios y, por tanto, la motivación y los deseos de nuestro corazón solo piensan en el yo. Incluso la forma en que hacemos preguntas revela nuestras verdaderas motivaciones, y las falsas verdades nos enredan en una trampa creada por nosotros mismos. El único camino a seguir es una creciente conciencia de nosotros mismos y transparencia que contrarresta la resistencia de nuestro corazón.

Los hombres que están llamados a actuar escuchan al rechazar la voz de la autojustificación, creciendo en conocimiento de sí mismos y en transparencia.

Acusaciones

El hombre respondió: La mujer que me diste por compañera me dio del árbol, y yo comí (Génesis 3:12).

Inculpar exige muchas agallas porque a menudo es nuestra primera respuesta al pecado. Después de la caída, Adán culpó notoriamente a Eva por su propia decisión consciente de pecar. Pero un análisis más profundo revela que Adán no solo estaba acusando a la mujer, sino también al mismo Dios. Observa sus palabras: «*La mujer que me diste*».

¡Ay! No es el mejor momento del hombre.

Cuando culpamos a otros, en lugar de escuchar y responder al susurro de la verdad de Dios y reconocer nuestros malos deseos, y por tanto nuestras decisiones erradas, intentamos desviar la responsabilidad de nosotros mismos hacia alguien más. Acusamos a otros por nuestros errores y equívocos.

Culpar a otros es un medio de desviar la atención de los deseos conocidos que nos han llevado a nuestras subsiguientes decisiones. Aunque seamos conscientes de por qué lo hicimos, hacemos todo lo posible por desviar la atención lejos de nuestros motivos egoístas. En el caso de Adán, él quería ser *como Dios* y tener conocimiento del bien y del mal, algo que antes estaba fuera de su alcance.

Culpar no forma parte del ritual de un hombre hacia la hombría cristiana. Cuanto más culpamos, más insensibles se vuelven nuestras motivaciones y nuestro corazón.

Por otra parte, el hombre de Dios siempre ablanda su corazón reconociendo su pecado y el sufrimiento que este ocasiona, volviéndose a diario cada vez más sensible de su necesidad de escuchar profundamente a Dios.

Los hombres que están llamados a actuar escuchan al ablandar sus corazones y rechazar el llamado del pecado, deteniendo la progresión de la culpa y volviéndose entonces más sensibles a la verdad de Dios.

Ataques

Después dio a luz a su hermano Abel. Y Abel fue pastor de ovejas, y Caín fue labrador de la tierra. Y aconteció andando el tiempo, que Caín trajo del fruto de la tierra una ofrenda a Jehová. Y Abel trajo también de los primogénitos de sus ovejas, de lo más gordo de ellas. Y miró Jehová con agrado a Abel y a su ofrenda; pero no miró con agrado a Caín y a la ofrenda suya. Y se ensañó Caín en gran manera, y decayó su semblante. Entonces Jehová dijo a Caín: ¿Por qué te has ensañado, y por qué ha decaído tu semblante? Si bien hicieres, ¿no serás enaltecido? y si no hicieres bien, el pecado está a la puerta; con todo esto, a ti será su deseo, y tú te enseñorearás de él. Y dijo Caín a su hermano Abel: Salgamos al campo. Y aconteció que estando ellos en el campo, Caín se levantó contra su hermano Abel, y lo mató (Génesis 4:2-8).

A veces, al enfrentar una verdad incómoda tratamos de eliminarla por medio de fuerzas humanas. Atacar puede parecer eficaz, pero sus beneficios a corto plazo son contra productivos a la larga. En Génesis 4, los deseos competitivos y egoístas de Caín por tener el favor de Dios no fueron mediados, incluso después de haber recibido la advertencia de parte de Dios y, por tanto, sus sentimientos fueron personalizados, acrecentándose en ira y rabia incontenible. En lugar de celebrar que la ofrenda de Abel fuera aceptada, que habría sido la respuesta correcta, se sintió despreciado; entonces, de manera concienzuda, ideó una forma de recuperar su aceptación perdida. La acción de Caín fue matar a su hermano; intentó apoderarse de lo que sintió que había perdido.

Aunque nuestros ataques rara vez son tan significativos como el de Caín, atacamos acusando a otras personas, usando lenguaje agresivo y respondiendo con ira en un esfuerzo por defendernos. Dirigimos nuestros ataques hacia quien nos dice la verdad o hacia otras partes implicadas. En cualquier caso, lo que intentamos hacer aquí es dominar la verdad con nuestra versión preferida de la realidad. *Atacar* es el polo opuesto de escuchar, porque atacar es escuchar al yo y preservar el ego por todos los medios humanos posibles.

Cuando pasamos a atacar a otros hemos perdido la voluntad de tratar los problemas de nuestra motivación. Hemos intensificado nuestros deseos encallecidos hasta el punto de emprender acciones ofensivas contra la parte que nos ha resistido. Este no es un ritual de iniciación de un hombre cristiano. Mientras que las películas presentan en forma sensacional la venganza masculina y dan a entender que los ataques son nuestro único medio de justicia, nunca debemos vengarnos. La madurez espiritual exige que no ataquemos a las personas, sino más bien que aseguremos nuestra determinación de que nuestros *deseos no nos dominan, sino que nosotros los dominamos.* Existe también un momento en que nuestros ataques resultan en detrimento que no puede deshacerse. Esto puede ser tan simple como una palabra airada que se le expresa al hijo, la esposa, el padre o el amigo. Estos ataques pueden resultar en corazones heridos que quedan con cicatrices permanentes. Puedo recordar casi de inmediato ciertas palabras dolorosas que me dijeron, y que me han afectado toda la vida.

El hombre de Dios está dispuesto a escuchar con cuidado sus deseos, considerando las consecuencias de actuar conforme a esos deseos. El hombre de Dios considera la influencia futura de sus palabras y acciones, piadosas o impías. Todo hombre se equivoca de vez en cuando, pero el hombre de Dios siempre crece en sabiduría y visión para el futuro, alineando sus deseos con Dios y siendo gobernado por Él.

Los hombres que están llamados a actuar escuchan detenidamente pensando en sus deseos y en las consecuencias de actuar conforme a esos deseos.

Todas estas cuatro respuestas disfuncionales, *negar, autojustificar, acusar* y *atacar,* representan un fracaso para discernir con eficacia nuestras motivaciones y nuestros deseos, lo cual a su vez nos impide escuchar con eficacia. Ninguna de ellas representa la receptividad del hombre de Dios ni ejemplifica un ritual de nuestra iniciación hacia la masculinidad. Son las características de un hombre cuyo crecimiento está estancado, atrofiado y que es obstinado.

Pero la buena noticia es que tal individuo siempre puede cambiar. Y cuando finalmente escucha más profundamente, producirá un crecimiento increíble.

Escuchar con eficacia

Los hombres debemos hacer un gran esfuerzo por escuchar. El suelo de nuestros corazones en muchos casos debe suavizarse para que nuestras motivaciones puedan ser tratadas. Jesús no hace aquí falsas promesas; nos asegura que escuchar atentamente y actuar en forma deliberada será un trabajo duro. Un verdadero ritual de iniciación nunca es fácil; es desafiante. Y es retador porque voces contendientes compiten por la atención de nuestros corazones. Todos somos obstinados en uno u otro aspecto; cada uno de nosotros descubrirá que ciertos falsos mensajes son convincentes. Entonces nuestra tarea será buscar la verdad a cualquier costo y escuchar con la motivación correcta. Si logramos poner a un lado nuestro orgullo, Jesús promete un pago asombroso: ¡hasta cien veces nuestra inversión inicial! Esta inversión se traduce en un cambio en las relaciones con los demás. Esto da como resultado matrimonios comprometidos y desinteresados. Resulta en hijos respetuosos y dispuestos. Da lugar a carreras satisfactorias. Pero recuerda que esto es solo un resultado de deseos y motivaciones que se han alineado completamente con Dios y su verdad, la cual *escuchamos* y *llevamos a cabo* en forma reiterada. Porque cuando el corazón de un hombre está alineado con la voluntad de Dios, la repercusión se siente en todos los aspectos de su vida *y* en otras personas. El cambio motivacional resulta en profunda receptividad que se nota fácilmente y es contagiosamente productiva. Lo que aquí está en juego es nada menos que la hombría cristiana y el avance del evangelio en tu vida y a través de ella.

Entonces, ¿qué pasos podemos dar para escuchar de manera más eficaz? He aquí cuatro pasos que todo hombre puede dar hoy día para escuchar y actuar en manera más eficaz.

Primero: Apresurar

> *Mis amados hermanos, quiero que entiendan lo siguiente: todos ustedes deben ser rápidos para escuchar, lentos para hablar y lentos para enojarse* (Santiago 1:19, NTV).

Cualquier individuo puede ser *rápido* para hablar y enojarse. Estos no son comportamientos accidentales sino conductas aprendidas, pero también lo es ser *rápido para escuchar*. Cuando hablamos a la ligera y perdemos los estribos, lo hacemos porque estos comportamientos aprendidos consiguen lo que queremos. El éxito repetido de estas técnicas da como resultado un proceso truncado de escucha, y la próxima vez volvemos a seleccionar estas tácticas de manera instintiva. Lo mismo ocurre con las tácticas basadas en la escucha rápida. Al frenar nuestras tendencias impulsivas de no escuchar, y descubrir la sabiduría y la perspicacia de otras personas, nos encontraremos escuchando más rápidamente. A medida que estas perspectivas nos llevan a experimentar éxito, ya no dudaremos en escuchar bien. Por tanto, si escuchar es la combinación de *oír y actuar*, se cumple el objetivo de escuchar *rápido* al cerrar la brecha entre nuestro oír y actuar. Pero recuerda que aplicamos esto no solo a escuchar a las personas, sino principalmente a escuchar a Dios. Cuando escuchamos la verdad y nos alineamos activa y rápidamente con ella, nuestros deseos cambian con el tiempo. De este modo permitimos menos tiempo para que afloren la negación, la justificación, la culpa y el ataque, y en cambio hacemos con prontitud lo que Dios requiere. Los grandes hombres no protestan cuando Dios los confronta con la verdad; obedecen sin discutir porque saben que lo mejor de Dios es lo mejor para ellos; son rápidos en escucharlo. Estos hombres han acortado la brecha entre oír y actuar. Son oyentes acelerados.

El hombre de Dios escucha eficazmente por aceleración: cerrando la brecha entre oír y actuar de forma piadosa.

Segundo: Anticipar

> *Oh, Señor, por la mañana escucharás mi voz; por la mañana me presentaré ante ti, y esperaré* (Salmos 5:3, RVC).

Me encantan estas tres primeras palabras «*por la mañana*». No se trata de una inclusión poética por parte del salmista; es un consejo estratégico y práctico. Nada nos ayuda más a escuchar que empezar cada día enfocados y en posición de escuchar. Sé que cuando empiezo mi día de este modo, mi corazón se afina para escuchar durante el día. Aunque mis dispositivos, el correo electrónico y las redes sociales demandan mi atención, no tienen importancia para mí. Es más, podrían ensordecer mis oídos a las palabras de la verdad. Pero cada vez que empiezo el día incluso con un poco de lectura bíblica, oración y reflexión, mi corazón se vuelve atento a las cosas de Dios. En lugar de avanzar en mi día por mis propias fuerzas y actuando en mi propia verdad, mi atención se activa para anticipar la fortaleza de Dios basada en su verdad. Y esto es lo importante: la verdad de Dios está disponible en grandes cantidades, pero a menudo no la escuchamos ni la anticipamos. Pero el hombre que empieza cada día con Dios descubre que Él habla, y habla mucho. Solo necesitamos prestar atención para escuchar la voz de Dios a través de las circunstancias de la vida.

El hombre de Dios tiene vehemencia en su relación con Dios, saludando cada día con entusiasmo y emoción. Espera respuestas con ansias porque ha presentado sus peticiones delante de Dios y vive en anticipación de cómo la respuesta divina tomará forma a través de las circunstancias y los hechos del día. Ahora se sintoniza para escuchar, no su voluntad sino la voluntad de Dios.

El hombre de Dios escucha eficazmente al buscar con vehemencia y anticipación a un Dios que siempre habla.

Tercero: Aceptar

El que hace caso a la palabra, prospera. ¡Dichoso el que confía en el Señor! (Proverbios 16:20, NBV).

La vida es mucho mejor para los hombres cuando estamos dispuestos a aceptar la verdad. No solo debemos apresurar nuestra escucha y anticipar la respuesta de Dios, sino que también debemos ser rápidos para aceptar la verdad de Dios y actuar en consecuencia. Un gran hombre piadoso «*hace caso a la palabra*» y «*confía en el Señor*». Como Señor, Dios es la fuente definitiva de la sabiduría del hombre. Nuestra respuesta no es más que obediente confianza y, ya que creemos que se puede confiar en Dios, debemos hacerlo con gran fe.

Sin embargo, vivimos en un mundo en que no siempre se puede confiar en la humanidad. Como resultado, muchos hombres tienen dificultades para confiar en Dios. Pero estos problemas de confianza se disipan cuando descubren que la verdad de Dios siempre funciona. Cada vez con más éxito descubrimos que podemos confiar en Dios, y vemos los resultados de aceptar con prontitud su verdad. Pronto confiaremos en su verdad, aunque no comprendamos por completo las instrucciones de Dios. ¡Nos habremos vuelto *rápidos* para escuchar!

El hombre de Dios escucha eficazmente al aceptar, hacer caso y confiar en el Señor y no en el mundo.

Una reflexión final

Por último, todos podemos escuchar mejor. Todos los hombres necesitamos la habilidad vital de escuchar. Nadie está exento. Debemos prestar atención a los demás y esforzarnos por mejorar. Así es como crecemos en nuestras relaciones con otras personas y con Dios.

Hay algunas cosas sencillas que podemos hacer para comenzar el proceso. He aquí una corta lista de tácticas que te ayudarán a ponerte en marcha:

- *Demuestra que escuchas mirando a la persona a los ojos cuando está hablando.*
- *Recuerda prestar toda tu atención a quien habla.*
- *Practica M.B.C. (Mantén la Boca Cerrada).*
- *Toma notas mientras escuchas y repite lo que oíste para mayor claridad.*
- *No ofrezcas soluciones cuando alguien está hablando.*
- *Haz preguntas aclaratorias cuando alguien habla.*
- *Acepta la responsabilidad de tus problemas, contribuciones y correcciones necesarias.*
- *Actúa de inmediato para demostrar que escuchaste a la otra persona.*

Cuanto más prestemos atención al modo en que escuchamos y actuamos, más competentes seremos como oyentes. A medida que aprendemos a hacer esto con mayor rapidez en las relaciones humanas, también debemos volvernos más competentes en nuestra relación con Dios. Al fin y al cabo, no solo debemos escuchar a las personas; Dios es quien provee la verdad. Más adelante en el libro aprenderemos a escuchar más eficazmente lo que nos dice Dios mismo. Mientras tanto, esforcémonos por mejorar nuestro tiempo de respuesta entre escuchar y actuar.

3

La incertidumbre de los hombres

Lo único que se necesita para que triunfe el mal es que los hombres buenos no hagan nada.

EDMUND BURKE

Dudas

En el fondo, la mayoría de los hombres cristianos tenemos una necesidad insaciable de crecer, desarrollarnos y avanzar; en resumen, de ser mejores hombres. Como mínimo queremos que nos vean como grandes hombres, esposos, padres y líderes. El único problema es que no conocemos el camino desde donde estamos hasta donde queremos ir. Incluso sin dirección clara, todavía intentaremos progresar.

Lo intentaremos, volveremos a intentarlo, y luego lo intentaremos un poco más. Pero después de un tiempo nuestra lista de fracasos se vuelve más difícil de pasar por alto. Añadamos incluso un poco de crítica y este sentimiento de fracaso comenzará a consumir nuestros pensamientos y a afectar negativamente la percepción que tenemos de nuestra identidad. En lugar de tener momentos de fracaso comenzaremos a vernos como fracasados. En poco tiempo nos detendremos y muchos tirarán la toalla.

Estos cortos momentos de vacilación pueden volverse una clase de parálisis continua, o apatía, la cual es fatal para nuestro desarrollo y progreso espiritual. Sin embargo, ¿por qué vacilamos? Si es Dios quien nos da poder a los hombres, ¿por qué entonces nos atascamos en una vacilación espiritual perpetua? Las razones son extraordinariamente sencillas y directas, pero los particulares varían de individuo en individuo. Tomemos a Pedro como ejemplo.

Simón Pedro fue uno de los primeros discípulos de Jesús y se convertiría en el líder de la iglesia en Jerusalén. Jesús vio su potencial claro al convertirlo en uno de sus tres confidentes más cercanos. Jesús sabía que Simón se convertiría en un líder clave en la fundación de la iglesia; lo bautizó como «*Pedro*» o «*Piedra*» porque vio en él una fortaleza incomparable con la de los demás.

No hay duda de que Pedro fue un líder que había recibido el llamado a actuar. Fue un legado responsable del Nuevo Testamento que hizo algunas cosas que ningún otro hombre ha hecho desde entonces. Pero también tuvo sus momentos de dudar. Los tres fracasos que tuvo en las últimas horas de vida de Jesús son especialmente interesantes. Cuando las cosas se complicaron, Pedro se paralizó, tal como tú o yo podríamos hacer. Pedro, nuestro sociable e impulsivo varón de acción, falló.

Pero ¿por qué? Veamos lo que sus errores pueden enseñarnos acerca de nuestras propias luchas.

Inacción incorrecta

> *Después regresó a donde estaban sus discípulos y los encontró dormidos. Le dijo a Pedro: «Simón, ¿estás dormido? ¿No pudiste mantenerte despierto ni una hora?»* (Marcos 14:37, NBV).

El primer fracaso de Pedro sucedió solo momentos antes que Jesús fuera arrestado. El momento era crucial; todo estaba en la cuerda floja. Pero cuando Jesús le dio la sencilla instrucción de orar y mantenerse velando, Pedro no aguantó y se puso a dormir una siesta. Apatía a su máxima expresión. Y lo entiendo, estaba cansado. Yo también he pasado por eso. Pedro y los otros discípulos estaban tan agotados que la posición de oración fue demasiado para sus cuerpos cansados y doloridos; el silencio y la oscuridad los adormecieron en un santiamén.

Sin embargo, aun exhausto, un cuerpo estará alerta cuando el momento lo requiera. Podemos estar total y físicamente agotados, pero el cuerpo se sobresalta si experimentamos tensión y urgencia reales. Pero Pedro y los otros no sintieron tal urgencia. Aunque todo el grupo se quedó dormido, es a Pedro a quien Jesús reprende. Observa, por favor, que no hay nada malo con descansar; Jesús entendía bien la necesidad de dormir, pero simplemente le asombra que Pedro todavía no comprenda la urgencia del momento actual. Están a solo segundos de la gran final.

A veces los hombres fallamos porque no vemos ninguna urgencia; no vemos la necesidad de estar alerta. No vemos la difícil situación delante de nosotros, y, por tanto, no nos molestamos en preparar nuestro mejor juego. Cuando permitimos que otras cosas menos relevantes consuman nuestra energía física, nuestra atención espiritual se agota, haciéndonos fallar en el mismo instante en que más se nos necesita.

No puedo decirte cuántas veces me he encontrado en esta situación como hombre. Llegó a mi casa agotado y, en consecuencia, me comporto mal como esposo o padre porque he usado en el trabajo toda mi mejor energía espiritual. O un viaje de negocios me deja exhausto y por eso llevo una mala actitud conmigo a otras relaciones, dañando mi testimonio cristiano. O me enfoco demasiado en hacer cosas, de modo que no tengo tiempo para las interrupciones divinas que podrían dar paso a increíbles oportunidades. Cuando no logramos manejar nuestra atención espiritual, o no nos aseguramos de que nuestra conciencia espiritual esté elevada, nos ponemos en peligro de sucumbir a la vacilación espiritual. Por tanto, experimentamos fracaso, y esto también podría resultar en que nos sintamos fracasados. Todo por una inacción inadecuada.

Vacilamos en hacer lo piadoso por hacer lo humano, lo cual significa no hacer nada.

Sin embargo, esta solo es una de las indecisiones de Pedro. Aquí está la siguiente.

Acción incorrecta

Entonces ellos le echaron mano, y le prendieron. Pero uno de los que estaban allí [Pedro], *sacando la espada, hirió al siervo del sumo sacerdote, cortándole la oreja* (Marcos 14:46-47).

El segundo fracaso de Pedro ocurre solo momentos después del incidente anterior. Esta vez no es una falta de *inacción*, sino una vacilación en *determinar la mejor acción* y luego actuar en consecuencia. Cuando una turba se acerca con el fin de arrestar a Jesús en el huerto, Pedro, quien está armado, reacciona, o tal vez compensa en forma exagerada su última equivocación. Desenvaina su pequeña espada y la hace oscilar hacia un soldado llamado Malco, cortándole la oreja derecha. Aunque no duda en actuar, su acción es desacertada. Jesús restaura milagrosamente en segundos la oreja de Malco, deshaciendo así el daño infligido por la acción desatinada de Pedro.

A veces, como hombres dudamos en dar los pasos necesarios para descubrir la acción correcta. Estos fracasos provienen de nuestra incapacidad de ver la visión más amplia de Dios. Pero de todos los hombres, Pedro debió haberlo entendido, ya que Jesús le había explicado sus planes más de una vez durante su viaje a Jerusalén.

> *Desde entonces comenzó Jesús a declarar a sus discípulos que le era necesario ir a Jerusalén y padecer mucho de los ancianos, de los principales sacerdotes y de los escribas; y ser muerto, y resucitar al tercer día* (Mateo 16:21).

Podemos ver que Pedro no apreció o no entendió el plan de Jesús. Es más, se le opuso firmemente:

> *Entonces Pedro, tomándolo aparte, comenzó a reconvenirle, diciendo: Señor, ten compasión de ti; en ninguna manera esto te acontezca. Pero él, volviéndose, dijo a Pedro: ¡Quítate de delante de mí, Satanás!; me eres tropiezo, porque no pones la mira en las cosas de Dios, sino en las de los hombres* (Mateo 16:22-23).

Como Pedro se opuso impulsivamente al plan y la visión de Dios, dudó en buscar el significado más profundo y someterse a él. Por tanto, actuó, pero desafortunadamente en una forma que contradijo la voluntad de Dios, lo que le llevó a una acción inadecuada. Muchos terminamos tomando un curso equivocado de acción porque no entendemos y, en nuestra ignorancia, no sabemos cómo unirnos. Nuestra visión, nuestros planes y nuestras ideas de cómo creemos que deben ser las cosas eclipsan la visión de Dios e incluso la capacidad de ver la vida de otra manera.

Fallamos en hacer lo correcto por hacer lo nuestro, que es lo incorrecto.

No obstante, hay un fracaso más. Nuevamente, solo unos momentos después (sí, este no fue un buen día en la vida de Pedro).

Asuntos de señorío

> *Estando Pedro abajo, en el patio, vino una de las criadas del sumo sacerdote; y cuando vio a Pedro que se calentaba, mirándole, dijo: Tú también estabas con Jesús el nazareno. Mas él negó, diciendo: No le conozco, ni sé lo que dices. Y salió a la entrada; y cantó el gallo. Y la criada, viéndole otra vez, comenzó a decir a los que estaban allí: Este es de ellos. Pero él negó otra vez. Y poco después, los que estaban allí dijeron otra vez a Pedro: Verdaderamente tú eres de ellos; porque eres galileo, y tu manera de hablar es semejante a la de ellos. Entonces él comenzó a maldecir, y a jurar: No conozco a este hombre de quien habláis. Y el gallo cantó la segunda vez. Entonces Pedro se acordó de las palabras que Jesús le había dicho: Antes que el gallo cante dos veces, me negarás tres veces. Y pensando en esto, lloraba* (Marcos 14:66-72).

Horas más tarde, el tercer fracaso de Pedro se relaciona con su asociación con Jesús. Es un fracaso de proporciones épicas. Se le recuerda como el error de todos los errores. Pedro falla en decir la verdad en cuanto a su asociación con Jesús, y los cuatro escritores de los Evangelios (Mateo, Marcos, Lucas y Juan) se aseguran de contárnoslo. ¿Te gustaría que tus fracasos se registraran en el libro más comprado de todos los tiempos y en los cuatro relatos de la vida de Jesús?

Los hombres fallamos, tal como Pedro hizo aquí, principalmente porque tememos sacrificar algo. Un sentimiento de impotencia crea un tipo de miedo que nos hace tratar de tomar el control. En el caso de Pedro, por instinto de conservación, duda en confesar. A veces estamos demasiado temerosos para admitir que nos sentimos fuera de control. Perder el control nos parece algo menos que masculino. Nuestro deseo de parecer competentes pesa más que nuestro deseo de revelar nuestro auténtico yo. Por tanto, fallamos porque queremos seguir haciendo lo nuestro, lo que nuevamente es lo incorrecto.

He aquí la razón: cuando inicialmente entregamos nuestras vidas a

Cristo deseamos mantener en secreto algunas cosas. No lo expresamos con palabras, pero es como nos sentimos y es lo que pensamos. Secretamente aún tenemos algunas cosas que queremos hacer, límites que deseamos romper y motivaciones que preferiríamos no reconocer. Mantenemos un fuerte control sobre amistades, profesión, finanzas y el futuro; simplemente no estamos listos para sacrificar eso. El resultado final es este: amamos a Cristo como Salvador, pero somos cautelosos en cuanto a que Cristo sea nuestro Señor.

Nos encanta la idea de la salvación y la idea mutua de alguien que salva. A decir verdad, cuando estamos abatidos y acabados queremos ser rescatados de todas nuestras malas decisiones. Y la Biblia enseña que necesitamos un Salvador que nos rescate de nuestras propias malas intenciones, decisiones e incluso del sufrimiento que viene de estas intenciones y decisiones. Pero he aquí el problema: Es difícil para los hombres aceptar de inmediato y por completo el sometimiento a un Señor, uno que es ahora el líder de nuestra vida. Y Jesús es lo uno y lo otro: Salvador y Señor.

La palabra *Señor* implica entrega total de vida al liderazgo de otra persona, en este caso a la persona de Jesús. Jesús fue enfático en nuestra necesidad de rendirnos a su señorío. Tenemos un nuevo líder de vida; debemos dejar atrás nuestros caminos, tomar sus caminos y seguirlo de manera obediente. Pero esto es difícil para los hombres, especialmente cuando hemos pasado gran parte de nuestra vida aprendiendo a confiar en nosotros mismos y evitando depender de los demás. Cuando nuestra sensación de autosuficiencia humana entra en acción, la obediencia al Señor nos reta hasta la médula. A esto es a lo que me refiero cuando afirmo que amamos a Cristo como Salvador, pero dudamos y *somos cautelosos en cuanto a Cristo como Señor.*

Aceptamos a Cristo como Salvador, pero dudamos y somos cautelosos en cuanto a Cristo como Señor.

El asunto del señorío que Pedro enfrentó en el patio es algo que todo hombre enfrenta. Incluso podemos enfrentar muchas veces durante toda la vida este momento de «venir a Jesús». Ante el señorío, los hombres dudamos y nos apoyamos en antiguos procesos, actitudes, creencias y acciones. Ser confrontados con el señorío de Jesucristo es un poco desconcertante. Tal como Pedro hizo aquí, nosotros también dudamos en alguna ocasión. Sucumbimos a los sentimientos de miedo y a la preocupación por la autopreservación.

Sin embargo, el señorío requiere que cedamos el control, y *cada vez* que enfrentamos un momento de decisión podemos confiar en su señorío o dudar. Este es parte de nuestro ejercicio espiritual diario. Siempre estamos aprendiendo a entregarle a Dios otro deseo, a someter otra decisión y a confiarle el resultado de otra parte de la vida. En lugar de intentar mantener el control sobre nuestras propias vidas, debemos aprender a confiarle el señorío a Dios. Con el tiempo, a medida que Dios demuestra su fidelidad, podemos aprender a someternos y a obedecer más rápidamente. Por tanto, dudamos menos.

En el fondo, estos tres fracasos en la vida de Pedro revelan la razón principal de nuestras dudas: estamos consumidos por el egoísmo y el orgullo. Tendemos a ser conscientes de algunas de nuestras tendencias egoístas y soberbias, pero el orgullo está arraigado más profundamente y es más siniestro de lo que deseamos reconocer. Pedro dudó y falló en cada una de estas situaciones debido a los engaños del orgullo que afectaban sus creencias, actitudes y acciones en un nivel que no estaba preparado para enfrentar. Estos momentos candentes le revelaron su orgullo y lo desenmascararon a la vista del mundo. Mientras que estos momentos de fracaso pueden ser muy vergonzosos, el hombre de Dios puede enfrentarlos con resiliencia, sin más vacilaciones. Este es solo parte del proceso de convertirse en un hombre que día tras día se entrega más completamente. Ser confrontados con nuestro orgullo es un medio de adoración y sacrificio para el hombre de Dios. Como resultado, día tras día, al ser confrontados con nuestro egoísmo y orgullo no debemos titubear, sino hacer todo lo posible para que la próxima decisión no sea acerca de nosotros sino de Cristo nuestro Señor.

El remedio: Jugárselo todo

> *Jesús dijo a sus discípulos: Si alguno quiere venir en pos de mí, niéguese a sí mismo, y tome su cruz, y sígame. Porque todo el que quiera salvar su vida, la perderá; y todo el que pierda su vida por causa de mí, la hallará. Porque ¿qué aprovechará al hombre, si ganare todo el mundo, y perdiere su alma? ¿O qué recompensa dará el hombre por su alma?* (Mateo 16:24-26).

Jesús comprendía que el ser humano es propenso a dudar. Sabía que dudaríamos incluso como nuevos creyentes o creyentes maduros. Y Jesús entendía que seguir adelante a través de la vacilación no sería fácil para nosotros.

Jesús comprendía plenamente que enfrentar nuestro orgullo no es para débiles de corazón; Él mismo no fue cobarde. Algunas personas tienen la impresión de que Jesús fue demasiado manso, débil y carente de fortaleza masculina. Pero esto no es verdad. Jesús era un aventurero valiente que eligió una forma desafiante de vida; fue un faro que inspiró a otros a seguirlo al interior de la más grande aventura de sus vidas. Enseñó que los hombres enfrentarían enormes sufrimientos. Algunos de los retos eran externos: luchas, oposición, maltrato físico y ridículo. Pero aún más, Jesús sabía que sus seguidores enfrentaríamos retos internos que resultarían en que lucháramos con nuestro deseo de autopreservación. Debido a esto Jesús llama a los hombres a estar totalmente comprometidos. Nuestro sendero para convertirnos en hombres de Dios es de renuncia a la senda de menor resistencia. Como seguidores, negamos nuestro derecho a ciertos privilegios, soportamos pruebas que otros evitan y seguimos el camino de alguien más grande que el ego. Jesús desafió a los hombres a jugárselo todo y no solo a sumergir en el agua los dedos de los pies.

Este es un estilo de vida con graves implicaciones que requiere tres decisiones.

Rendirse a los intereses de Dios

En primer lugar, jugárselo todo requiere que el individuo se rinda a los intereses de Dios «*negándose a sí mismo*». Esto empieza por dejar de exigir privilegios egoístas. En otras palabras, para *negarnos a nosotros mismos* debemos decir no a toda palabra que tiene que ver con *el ego: autosatisfacción, seguridad propia, confianza en uno mismo, egocentrismo, etc.* Debemos negarnos a nosotros mismos en todos los rincones de nuestra vida y aceptar a Dios en todos los rincones de nuestra existencia. Por tanto, ya no somos quienes dirigimos, sino Dios. La vida ya no gira alrededor de nosotros mismos, sino alrededor del Señor. La única manera en que podemos encontrarle sentido a la vida de Dios es negarnos a nosotros mismos en forma activa, consciente y diaria.

Los hombres íntegros deben negarse a sí mismos y aceptar a Dios en cada rincón de sus vidas.

Sacrificarse por el camino de Dios

En segundo lugar, debemos renunciar a vivir a nuestra manera desde ahora hasta nuestro último aliento. «*Tomar nuestra cruz*» es una ilustración vívida del sacrificio que Jesús requiere de los hombres piadosos. El sacrificio en el Imperio romano significaba tortura, ¡no un camino de rosas! Cuando un hombre tomaba una decisión que daba como resultado la crucifixión romana, se podría suponer que estaba convenido de los valores, las creencias y las acciones que resultaron en la crucifixión, la cual fue, y sigue siendo, la manera más dolorosa de ejecución conocida por el ser humano. Cuando un hombre era sentenciado a ser crucificado, se le exigía que llevara su cruz hasta el lugar donde se realizaría la ejecución pública. Cargar su cruz mostraba sumisión forzosa a las reglas y al poder del gobierno romano hasta el último aliento de aire: muerte por asfixia sobre una cruz. Si creías que negarse a uno mismo era un reto, este es solamente el comienzo; el estilo de vida de Jesús exige un sacrificio total. Significa que un hombre no solo debe dejar de vivir para sí, sino también vivir sacrificialmente cada día hasta su muerte.

Los hombres íntegros deben soportar el dolor del sacrificio diario por Jesús.

Sumisión a la identidad de Dios

En tercer lugar, cuando Jesús dijo: «*Sígueme*», quiso que nos sometiéramos a su enseñanza. Seguir a Jesús significa que debemos someternos a su instrucción y su identidad. En la época de Jesús la palabra *sígueme* la pronunciaba un maestro a un estudiante, e implicaba un cambio de identidad del alumno. Este es el último requisito que debe cumplir todo individuo. El hombre de Dios está sometido tanto a la instrucción como a la identidad de las enseñanzas de Jesucristo. Ahora encontramos nuestra identidad en Cristo, no en nosotros mismos. Reconocemos en público este cambio de identidad al llamarnos cristianos, que significa *seguidores de la enseñanza y el camino de Cristo*. Prometemos nuestra lealtad al servicio de Jesús, además de negarnos a nosotros mismos y tomar nuestra cruz. Los seguidores tenemos ahora una identidad completamente nueva que nace de las enseñanzas de Cristo.

Los hombres íntegros deben prometer lealtad y prioridad a la enseñanza de Jesús y seguir el camino que les muestra.

Segundas oportunidades

Aunque es fácil analizar los fracasos de Pedro en su trayecto para convertirse en un hombre íntegro, me alegra que tengamos registros de cada una de ellas. Pedro solamente es como cualquiera de nosotros. Él es un hombre íntegro, pero padece algunos fracasos intermitentes. Los momentos de indecisión lo llevaron a esos momentos de fracaso. Pedro *no fue un fracaso*, sino *un hombre que falló*... y que descubrió la gracia de Dios para seguir adelante. Los errores de Pedro nos brindan la oportunidad de ver que Dios sigue amándonos a pesar de nuestros fracasos.

Pedro no fue un fracaso, sino un hombre que falló y que necesitaba la gracia de Dios para seguir adelante.

El conocido relato de la *restauración de Pedro* es una gran fuente de esperanza para todo hombre que flaquea. Nuestro Dios es un Dios de segundas oportunidades para todos los hombres, y esta restauración de Pedro es tan solo un relato bíblico entre muchos acerca de la gracia. Se lleva a cabo a la orilla del lago en Galilea solo días después de los tres fracasos de Pedro y después de la resurrección de Jesús. Pedro está de vuelta a su barca de pesca y ha estado pescando toda la noche sin mucho éxito. Jesús, en una de sus famosas apariciones posteriores a la resurrección, se encuentra en la orilla, pero los hombres no lo reconocen. Él les pregunta si han pescado algo hasta el momento, y ellos responden que no. Entonces escuchamos que Jesús declara esto:

> *Echad la red a la derecha de la barca, y hallaréis. Entonces la echaron, y ya no la podían sacar, por la gran cantidad de peces* (Juan 21:6).

Pedro reconoce inmediatamente que tiene que tratarse del Jesús resucitado; salta de la barca y nada hacia Él. Después de desayunar, Jesús lleva a Pedro a un lado. Observa que este es el mismo Pedro que no pudo permanecer despierto en el huerto, que le cortó la oreja a Malco y que tres veces negó a Jesús.

> *Cuando hubieron comido, Jesús dijo a Simón Pedro: Simón, hijo de Jonás, ¿me amas más que estos? Le respondió: Sí, Señor; tú sabes que te*

> *amo. Él le dijo: Apacienta mis corderos. Volvió a decirle la segunda vez: Simón, hijo de Jonás, ¿me amas? Pedro le respondió: Sí, Señor; tú sabes que te amo. Le dijo: Pastorea mis ovejas. Le dijo la tercera vez: Simón, hijo de Jonás, ¿me amas? Pedro se entristeció de que le dijese la tercera vez: ¿Me amas? y le respondió: Señor, tú lo sabes todo; tú sabes que te amo. Jesús le dijo: Apacienta mis ovejas* (Juan 21:15-17).

Esta restauración es poderosa. Ilustra gran cantidad de aspectos, pero principalmente revela que Dios no se da por vencido con los hombres.

Jesús desea que confiemos más en Él a través de cada fracaso, y quiere que titubeemos menos cada vez. Sigue amándonos y buscándonos con infinita gracia y misericordia, e infinito perdón y amor. Aunque creamos que Dios ya no nos utilizará, y por tanto volvamos avergonzados a hacer lo que realizábamos antes (pescar o cualquier otra cosa), Él nos implora que nos mantengamos en rumbo. Es a través de la duda y el fracaso que aprenderemos a confiar un poco más en Dios la próxima vez, dándole así señorío sobre otro aspecto invisible de nuestra vida.

La voz de la autodescalificación no es rival para Dios. Él quiere que avancemos, manteniéndonos fieles a su misión y viviendo sin remordimiento. Y la mejor parte es que anhela desempolvarnos y ayudarnos a pasar del banquillo a la cancha de juego, tal como hizo con Pedro.

Hombres que no dudaron

Hay también grandes hombres en la Biblia que *no dudaron*, y podemos aprender aún más de ellos. Los siguientes hombres tuvieron realmente algunos momentos de fracaso, pero su perseverancia en *escuchar* y *actuar* nos enseña mucho sobre lo que significa ser un hombre de Dios.

He aquí cinco de esos varones.

Abraham: Obediencia sin titubeos

> *Aconteció después de estas cosas, que probó Dios a Abraham, y le dijo: Abraham. Y él respondió: Heme aquí. Y dijo: Toma ahora tu hijo, tu único, Isaac, a quien amas, y vete a tierra de Moriah, y ofrécelo allí en holocausto sobre uno de los montes que yo te diré. Y Abraham se levantó muy de mañana, y enalbardó su asno, y tomó consigo dos siervos suyos, y a Isaac su hijo; y cortó leña para el holocausto, y se levantó, y fue al*

lugar que Dios le dijo. Al tercer día alzó Abraham sus ojos, y vio el lugar de lejos. Entonces dijo Abraham a sus siervos: Esperad aquí con el asno, y yo y el muchacho iremos hasta allí y adoraremos, y volveremos a vosotros. Y tomó Abraham la leña del holocausto, y la puso sobre Isaac su hijo, y él tomó en su mano el fuego y el cuchillo; y fueron ambos juntos. Entonces habló Isaac a Abraham su padre, y dijo: Padre mío. Y él respondió: Heme aquí, mi hijo. Y él dijo: He aquí el fuego y la leña; mas ¿dónde está el cordero para el holocausto? Y respondió Abraham: Dios se proveerá de cordero para el holocausto, hijo mío. E iban juntos (Génesis 22:1-8).

Abraham fue muy rápido en obedecer. No vemos discusión, cuestionamiento o siquiera necesidad de aclaración. Esto es muy insólito para cualquier hombre, principalmente porque queremos comprender todo por completo antes de dar ese primer paso de obediencia. No Abraham. Él no dudó. Se cuenta entre los más grandiosos hombres de Dios de todos los tiempos porque comprendió que Dios era su principal proveedor, no él mismo.

Nuevamente, Abraham no era perfecto, pero estaba comprometido del todo con Dios y no titubeó en esta tremenda prueba. Como sabemos, Dios proporcionó un carnero para el sacrificio en lugar del hijo de Abraham, pero fue provisto en el tiempo de Dios, a la manera de Dios y en el lugar que Dios escogió. En el futuro, unos milenios después, Dios proporcionaría otro sacrificio, el sacrificio de Jesús, sobre este mismo monte y en el mismo lugar. ¡Qué testimonio para este hombre íntegro! Un padre, hombre, esposo y líder que estuvo dispuesto a obedecer sin transigir, aunque había mucho en juego. Abraham es un ejemplo para todos los hombres. La lección es esta: Llevemos una vida de obediencia sin vacilaciones y simplemente hagamos lo que Dios pide.

El hombre de Dios nunca duda en obedecer.

Noé: Justicia sin vacilación

Y miró Dios la tierra, y he aquí que estaba corrompida; porque toda carne había corrompido su camino sobre la tierra. Dijo, pues, Dios a Noé: He decidido el fin de todo ser, porque la tierra está llena de violencia a causa de ellos; y he aquí que yo los destruiré con la tierra. Hazte un arca de madera de gofer (Génesis 6:12-14).

Aunque este diluvio fue devastador para la humanidad, debemos fijar nuestra atención en Noé y su familia. Aquí estaba un hombre justo, quien sobresalió por encima del resto de seres humanos y llevó fielmente a su familia hacia la justicia en una sociedad corrupta y perversa. ¿Te has sentido alguna vez en una posición similar?

Noé no se conformó a la sociedad, ni sucumbió ante la presión social; siguió siendo un hombre resuelto e íntegro que adoraba solo a Dios y andaba en justicia. No dudó ni siquiera cuando Dios le pidió que construyera un arca en medio del desierto antes que alguna vez hubiera llovido un solo día sobre el planeta Tierra. ¡Qué tal este hombre persistente y firme! Obedeció a pesar de cuán ridículo pudiera parecer su comportamiento a los infieles del mundo. Nuevamente, Noé es un ejemplo para todos los hombres. La lección es esta: vivamos la justicia sin vacilaciones, incluso en medio de la presión pública y la soledad personal.

El hombre de Dios no vacila en ser justo en un mundo injusto.

David: Reverencia sin indecisión

Habló David a los que estaban junto a él, diciendo: ¿Qué harán al hombre que venciere a este filisteo, y quitare el oprobio de Israel? Porque ¿quién es este filisteo incircunciso, para que provoque a los escuadrones del Dios viviente? (1 Samuel 17:26).

David no dudó en creer que Dios podía derrotar a Goliat, aunque todos los demás se negaran a actuar. Este hombre es ejemplo autónomo de reverencia extrema a Dios frente a todo un ejército que se negó a actuar. Por tanto, la historia de David se sigue contando hoy día.

No puedo leer esta narración sin conmoverme por la audaz reverencia de David hacia Dios. Este hombre estuvo dispuesto a arriesgarlo todo en un escenario en que hay dos ejércitos, dos naciones. No hay duda de que todos en el ejército israelita contuvieron el aliento cuando David salió corriendo a encontrarse con este gigante. Si él perdía, la pérdida sería catastrófica. Pero David comprende que esta no es una guerra entre él y un gigante; es una guerra entre Dios y un sujeto irreverente de una nación pagana. Dios gana esta batalla porque un jovencito no dudó en reverenciar al Señor. La lección es esta: vivamos con reverencia no vacilante y seamos testigos de cómo Dios gana toda batalla.

El hombre de Dios nunca duda en reverenciar a Dios.

Daniel: Carácter firme

Cuando Daniel supo que el edicto había sido firmado, entró en su casa, y abiertas las ventanas de su cámara que daban hacia Jerusalén, se arrodillaba tres veces al día, y oraba y daba gracias delante de su Dios, como lo solía hacer antes. Entonces se juntaron aquellos hombres, y hallaron a Daniel orando y rogando en presencia de su Dios. Fueron luego ante el rey y le hablaron del edicto real: ¿No has confirmado edicto que cualquiera que en el espacio de treinta días pida a cualquier dios u hombre fuera de ti, oh rey, sea echado en el foso de los leones? (Daniel 6:10-12).

Daniel no titubeó en servir a varios reyes incrédulos. En este caso, Dios lo salvó en forma milagrosa, tal como había preservado las vidas de los amigos de Daniel en una situación similar. Daniel no vaciló en hacer lo que era correcto y honrar a su Señor. Cuando este hombre fue retado, no dejó de vivir un carácter piadoso. Sin vacilación. Sin titubeos. El carácter y la resolución describen a este hombre de Dios. La lección es esta: vivamos con carácter no vacilante sin importar los retos que tengamos por delante.

El hombre de Dios nunca duda en actuar con carácter piadoso.

Pedro: Fe ciega

A la cuarta vigilia de la noche, Jesús vino a ellos andando sobre el mar. Y los discípulos, viéndole andar sobre el mar, se turbaron, diciendo: ¡Un fantasma! Y dieron voces de miedo. Pero en seguida Jesús les habló, diciendo: ¡Tened ánimo; yo soy, no temáis! Entonces le respondió Pedro, y dijo: Señor, si eres tú, manda que yo vaya a ti sobre las aguas. Y él dijo: Ven. Y descendiendo Pedro de la barca, andaba sobre las aguas para ir a Jesús (Mateo 14:25-29).

Dejé esto para el final porque Pedro tiene muchas cualidades redentoras. En este momento, él se convirtió en el único ser completamente humano en caminar sobre el agua. Esto pudo ocurrir porque no dudó en actuar con fe. Aunque podemos criticar sus indecisiones y fracasos, tenemos que darle el mérito que tiene este varón. Aquí hizo algo que ningún otro había hecho alguna vez y que tal vez nunca nadie lo vuelva a hacer. Caminó sobre el agua. En realidad, me da un poco de celos. Buen trabajo, Pedro, por no titubear. La lección es esta: vivamos una fe no indecisa simplemente saliendo de nuestra barca metafórica.

El hombre de Dios nunca duda en dar un paso de fe.

Titubear en nuestra fe es un reto común entre los hombres, pero no tiene que serlo. Dios está buscando un hombre que no dude, sino que lo siga con valentía y audacia. Los cinco varones de los que hablamos fueron prototipos del hombre llamado a actuar. Aspira a ser como estos hombres en tu *obediencia, justicia, reverencia, carácter* y *fe*, luego observa el modo en que Dios establece naciones, salva personas, gana batallas, forja carácter y fortifica la fe a través de estos actos de obediencia. Recuerda: Cristo llama, fortalece y restaura a todos los hombres. Él desea que todos nos volvamos hombres de Dios sometidos al Señor y no vacilantes.

¿Estás conmigo?

4

La importancia de saber escuchar

Así que la fe *viene* del oír, y el oír, por la palabra de Cristo.

ROMANOS 10:17, NBLA

Aprender a escuchar

No es ninguna sorpresa, pero el modo en que los hombres oyen es muy diferente de cómo lo hacen las mujeres.

Lo sé, es sorprendente.

En su libro *Gender and the Brain* [El género y el cerebro], Leah Ariniello ha descubierto que el cerebro masculino es en promedio 10% más grande que el de las mujeres. Pero no te pongas engreído, varón, porque Leah también ha descubierto que los cerebros femeninos contienen muchas más neuronas. Esto sin duda es interesante. Y este estudio, junto con otras investigaciones actuales, nos enseñan algo que tal vez ya lo sabíamos de forma intuitiva: los hombres y las mujeres escuchan de manera diferente. (¡Sabrás esto si has estado casado durante cinco minutos!). En general, los hombres tienden a escuchar hechos y opiniones, a tomar las conversaciones al pie de la letra, a encontrar soluciones a los problemas antes que la otra persona haya terminado de hablar y a demostrar mucha menos emoción en sus relaciones y respuestas. Por otra parte, las mujeres escuchan cada pequeño detalle, se relacionan emocionalmente y con frecuencia analizan en exceso el intercambio de comunicación. Y pronto aprendemos que tanto ellas como nosotros tenemos algo en qué trabajar con el fin de escuchar más eficazmente. Podemos mejorar, y mejoraremos si reconocemos nuestras tendencias y desarrollamos habilidades en las áreas de debilidad; o al menos aprenderemos a manejar tales debilidades. Por ejemplo, nosotros los hombres podríamos escuchar de modo más sencillo sintonizándonos emocionalmente y resistiendo la urgencia de ofrecer soluciones al instante.

Sin embargo, como el apóstol Pablo dijera antes, «*la fe viene del oír*». Esto se debe a que oír es absolutamente esencial para la fe. Dios pone a nuestra disposición toda la información necesaria, pero si no la oímos como debe ser, nunca sabremos cómo debemos convertirnos en hombres que estamos llamados a actuar.

Por tanto, compañeros, debemos aprender a oír.

Componentes de escuchar

En el nivel más básico, oír es solamente la conciencia del sonido. Lo que buscamos es oír de modo intencional que incite una respuesta. Quizás una palabra más exacta aquí es *escuchar*. A fin de escuchar solo debemos hacer bien algunas cosas. Escuchar es simplemente oír con propósito. Como hombres llamados a actuar debemos discernir cómo hacerlo, y significa que debemos aprender a *escuchar* las instrucciones.

Existen tres componentes para escuchar con eficacia: *atención*, *receptividad y acción*.

Atención

El que tiene oídos para oír, oiga (Mateo 11:15).

Dios desea hablar con nosotros. Puede que esto te sorprenda, pero a Él le emociona hablar con toda la humanidad. Siempre ha estado comunicándose. Se comunicó desde los albores del tiempo y lo hará hasta el final del tiempo. Se comunicó directamente con los primeros padres, reyes y profetas. Y, al volvernos hacia el Nuevo Testamento, descubrimos que Jesús fue el mensajero máximo de Dios. De Jesús se dice que es «*la Palabra [que] se hizo hombre*» (Juan 1:14, NTV). Dios envió a Jesús principalmente para comunicarse con nosotros, hablándonos del cielo y la gracia, y de cómo posibilitó que se restaurara nuestra relación con Dios. Jesús dejó claro que si tenemos *oídos* debemos *oír*; ¡Él quiere que escuchemos!

Sin embargo, para escuchar debemos prestar toda nuestra atención.

Por ejemplo, si he de escuchar a mi jefe, mi esposa o mi hijo debo prestarles total atención estando completamente presente con ellos cuando se encuentran en el lugar y hablan conmigo. Debo eliminar todas las demás distracciones y, en cambio, enfocarme, porque cuando lo hago demuestro que la persona que habla es importante y que lo que desea analizar también es importante. Lo mismo ocurre con Dios. Escuchar exige que le preste a Dios mi atención y esté completamente presente con Él; las palabras que Dios declara son importantes; por tanto, debo sintonizarme atentamente.

> *Los bereanos eran mucho más nobles que los tesalonicenses, y escucharon gustosos el mensaje. Todos los días examinaban las Escrituras para comprobar si lo que Pablo y Silas decían era cierto* (Hechos 17:11, NBV).

Los bereanos entendieron esto. Escucharon a Pablo, pero aún más: quisieron escuchar de Pablo la verdad. Esto significa que no solo escucharon atentamente, sino que fueron tan lejos como para cotejar todo con las Escrituras, haciéndolo «*gustosos*». Bueno, ¡eso es prestar una atención superior! Entonces, para escuchar debemos primero prestar nuestra atención entusiasta, sobre todo si creemos que Dios quiere lo mejor para nosotros.

Receptividad

> *Por lo cual, como dice el Espíritu Santo: Si oyereis hoy su voz, no endurezcáis vuestros corazones, como en la provocación, en el día de la tentación en el desierto* (Hebreos 3:7-8).

Receptividad es la evidencia interna de nuestra capacidad externa de escuchar a otros. Es la postura de una disposición y apertura para escuchar.

Los hombres solemos aprender a ser más receptivos cuando nos encontramos en situaciones en que reconocemos los límites de nuestra propia autosuficiencia. Tal fue el caso de los hebreos que vagaban por el desierto. Se necesitaron cuarenta años de pruebas para que sus corazones se suavizaran. En el desierto se vieron obligados a depender por completo de Dios, a ser más receptivos.

Sin embargo, hay evidencia como esta en toda la Biblia. Por ejemplo, el apóstol Pablo se volvió receptivo cuando le golpeó la ceguera (Hechos 9). El carcelero en Filipos fue mucho más receptivo cuando su vida estaba en peligro por perder a los prisioneros bajo su cuidado (Hechos 16). Pedro estuvo más dispuesto a comprometerse plenamente con la obra de Cristo después de su triple negación y triple confrontación por parte de Jesús (Juan 21).

No obstante, la mejor evidencia es la de nuestras propias vidas. El fracaso (o la disminución de la autosuficiencia) es para los hombres lo que nos motiva hacia una mayor receptividad. Para algunos varones, el fracaso es el único maestro. Desearíamos que no fuera así, porque esto es más reactivo que proactivo. Pero lo que nos enseña mejor a los hombres es el dolor, el fracaso y el grado bajo de autosuficiencia. Esto nos enseña tanto los límites del yo (una lección necesaria) como también la necesidad de la verdad fuera del ego. Cuando experimentamos dolor queremos eliminarlo por cualquier forma posible, por lo que nos volvemos receptivos a todo lo que descarte el dolor. Cuanto mayor es el dolor, mayor es la receptividad, por lo que para muchos hombres sus primeras experiencias con Cristo y con la hermandad incluyen ministerios que satisfagan directamente la necesidad y curen el dolor. Algunos ejemplos son los grupos de divorcio, grupos de adicción a sustancias químicas, cadenas de apoyo financiero, ministerios a las prisiones, etc.

Es interesante que se necesite tanto trabajo para ser receptivos. Esto se debe a que la receptividad es *activa*, no es una actividad pasiva. Y, como hombres llamados a actuar, a veces creemos que la acción solo es algo que hacemos visiblemente, pero este no es el caso. En ocasiones, la lucha contra la apatía es una batalla privada y personal, invisible para el mundo. En este caso, ser receptivos significa que batallamos contra un monólogo privado y personal que ocurre dentro de nuestra mente. Es batallar contra un monólogo interior de crítica inmediata cuando se reciben comentarios. Es batallar contra un monólogo interior de juicio cuando se oyen las ideas de otra persona. Es batallar contra un monólogo interior que intenta arreglar el problema antes que una persona termine de hablar. Es abandonar *activa y totalmente* el monólogo interior y poner nuestra mente y nuestro corazón en un lugar de apertura, en lugar de cerrarse a otras personas o bloquearse. Pero se necesita algo de trabajo duro para eliminar estas distracciones internas y externas. Eso es receptividad.

Sin embargo, recuerda que estamos hablando de receptividad a Dios. Creo que es por esto que Dios permitió que los hebreos vagaran durante tanto tiempo en el desierto. Quería que los hombres se volvieran receptivos, pero sus corazones eran *duros*. Y a algunos les llevará años, ojalá no cuarenta, volverse más receptivos a Dios. Un lugar donde la voz del yo establece sus prejuicios, presunciones, malas creencias y antiguas filosofías mundanas. Un lugar donde Dios habla y nosotros escuchamos, y oímos con corazones ablandados.

Acción

> *No se contenten solo con escuchar la palabra, pues así se engañan ustedes mismos. Llévenla a la práctica* (Santiago 1:22, NVI).

El factor determinante de nuestra escucha no es únicamente *atención y receptividad*, sino también nuestra *acción* subsiguiente. Oír la verdad y no actuar es decidir vivir engañados. Es ser autoengañados. Es necesario actuar. El reto es que no siempre obedecemos la primera vez que oímos algo, lo cual significa que ahora no solo debemos actuar sino también reconocer nuestra decisión anterior de vivir en autoengaño. Esto no es algo fácil de hacer para los hombres.

Hay una palabra en el Nuevo Testamento que describe a las personas religiosas que viven en autoengaño consciente: hipócrita. Un hipócrita es un actor de teatro; es alguien que simula hacer lo correcto. Actúa como si estuviera haciendo lo correcto, pero desde la motivación equivocada: simplemente montan un espectáculo. La hipocresía puede incluir fingimiento en actuar, actuando con una motivación errada o enseñando justicia mientras se actúa en injusticia. Jesús se puso a menudo en contra de tales formas de hipocresía cristiana porque ambas carecen de integridad y son un mal testimonio del carácter de Dios. El Señor detesta la hipocresía porque contradice la naturaleza divina y da como resultado una mala representación cristiana para un mundo ya confundido, un mundo que necesita *escuchar*, pero que está *oyendo* el mensaje errado de los comportamientos y las motivaciones de nuestras vidas.

No se trata solo de oír, sino también de escuchar, lo cual implica prestar atención, volvernos receptivos y pasar a la acción correcta por la razón correcta.

Estos tres componentes son necesarios para escuchar eficazmente. Date cuenta de que no se trata solo de oír, sino también de escuchar, lo cual implica prestar *atención*, volvernos *receptivos* y pasar a la *acción* correcta por la razón correcta. Cuando hacemos esto con Dios, nuestra fe se estimula y nuestra relación se fortalece.

El ruido que afecta nuestra escucha

> [Jesús] *dijo: Antes bienaventurados los que oyen la palabra de Dios, y la guardan* (Lucas 11:28).

Una de las principales formas en que oímos a Dios es a través de la Biblia. Veremos esto con mucho más detalle en el capítulo 8, pero las Escrituras contienen las *palabras de Dios* para los hombres llamados a actuar. Debemos centrarnos en escuchar a Dios a través de la lectura de la Biblia, lo cual hace volver nuestra atención, receptividad y acción hacia lo importante. Pero escuchar a Dios en las Escrituras no es una tarea común y corriente; es leer con propósito y buscar entender lo que Dios quiere de nosotros y para nuestra vida.

Lamentablemente, hay mucha interferencia que se interpone en el camino de la capacidad del hombre para escuchar a Dios. Pero de vez en cuando hay hombres que superan tales interferencias. O no oyen la interferencia, la oyen y no le hacen caso, o la oyen y tienen una respuesta contraria. El joven David, quien se convirtió en rey, fue uno de estos hombres. Y su historia, su mejor historia, está repleta de interferencias que superó.

Desde que David solo era un jovencito ya había aprendido a escuchar a Dios. Solo era un adolescente cuando se enfrentó a Goliat. Era el menor de ocho hermanos, todos hijos de un hombre llamado Isaí. Tres de los hermanos de David habían ido a la guerra mientras David (como el menor) se hallaba en casa cuidando de las ovejas de su padre Isaí. Un día, Isaí, preocupado por sus tres hijos en la guerra, envió a David con algunos suministros y alimentos, y le dijo que averiguara cómo estaban sus hermanos.

Todos conocemos el final de la historia, David mata a Goliat, pero es el período anterior a la confrontación el que tiene mucho que enseñar a los hombres acerca de las interferencias con que nos topamos. Hubo ocho interferencias que David debió pasar por alto a fin de actuar como lo hizo. Así que escucha y descubre el genio de David en estos ocho momentos.

Temor

Todos los varones de Israel que veían aquel hombre huían de su presencia, y tenían gran temor (1 Samuel 17:24).

Este es un momento cómico. Los israelitas tienen suerte de que no existan grabaciones de video, porque el espectáculo debió haber sido humillante. Durante cuarenta días habían salido al frente de batalla. Durante cuarenta días lanzaron gritos de guerra. Y durante cuarenta días, cada vez que *el hombre* Goliat salía, los guerreros de Israel se desbandaban y huían.

El temor es debilitante en la vida de un hombre y a menudo es vergonzoso. Tememos que nos vean como tontos, lo que hace que muchos de nosotros nos neguemos a adoptar una posición. Tememos tomar una decisión que nos costará algo. Aunque por fuera mostremos confianza masculina, con frecuencia por dentro luchamos con miedos privados. Y es el miedo lo que impedía que el ejército israelita se fuera contra Goliat; sin embargo, David pudo vencer la interferencia de este temor.

Fama

> *Cada uno de los de Israel decía: ¿No habéis visto aquel hombre que ha salido? Él se adelanta para provocar a Israel. Al que le venciere, el rey le enriquecerá con grandes riquezas, y le dará su hija, y eximirá de tributos a la casa de su padre en Israel* (1 Samuel 17:25).

El encanto de la fama es la mayor parte del tiempo un verdadero problema para los hombres. Es una tentación continua y su atractivo es fuerte. Pero, en esta situación, el ofrecimiento de fama no podía persuadir a un ejército ya paralizado. La promesa de fama hablaba a los deseos egoístas de los soldados, pero resultó que estos valoraron más sus propias vidas. La astuta propuesta del rey Saúl resultó en un silencio que era ensordecedor para todo un ejército de hombres.

Por atractiva que el rey Saúl creyera que sería la fama, sigue siendo una motivación errada para un hombre de acción. Los hombres que oyen y actúan deben hacerlo por principios basados en la verdad, no en la búsqueda de fama o aprobación. Aunque David actuó, no lo motivó la oferta de fama que hiciera Saúl. Más bien, David deseaba acallar los insultos de Goliat hacia el Dios de Israel. David actuó por las razones correctas, con apropiada motivación; desinteresado en la fama que este momento le produciría.

Oprobio

> *Entonces habló David a los que estaban junto a él, diciendo: ¿Qué harán al hombre que venciere a este filisteo, y quitare el oprobio de*

> *Israel? Porque ¿quién es este filisteo incircunciso, para que provoque a los escuadrones del Dios viviente?* (1 Samuel 17:26).

El oprobio es como un incesante silbido estático dentro del corazón del hombre.

La mayoría de los hombres han experimentado alguna forma de oprobio profundo e incluso público. Algunos hombres pasan gran parte de sus vidas con preocupación de que alguien nuevo descubra lo que ocurrió porque fue algo muy condenable y vergonzoso. Este oprobio o vergüenza puede impedir que los hombres escuchen y actúen cuando saben que deberían hacerlo. La interferencia del oprobio impide cualquier avance.

David se sorprendió al enterarse de que ninguno de los soldados estaba dispuesto a dar un paso adelante para aceptar el desafío de Goliat y defender el honor de Dios. Quizás esto se debió a la inminente preocupación por la vergüenza potencial. David cambió la situación de la interferencia que originaba la vergüenza al declarar que una derrota en el campo de batalla sería un oprobio mucho menor que titubear en cumplir con el deber. Nuevamente supera la interferencia del oprobio y con esto la cobarde inacción de sus compatriotas.

Escarnio

> *Oyéndole hablar Eliab su hermano mayor con aquellos hombres, se encendió en ira contra David y dijo: ¿Para qué has descendido acá? ¿y a quién has dejado aquellas pocas ovejas en el desierto? Yo conozco tu soberbia y la malicia de tu corazón, que para ver la batalla has venido* (1 Samuel 17:28).

Todo hombre ha sido ridiculizado o ha recibido burlas. Ese escarnio puede venir de las personas cercanas a nosotros, como David lo recibió de sus hermanos. A pesar de nuestra confianza piadosa, las opiniones y las burlas potenciales de otros pueden impedirnos actuar cuando sabemos que debemos hacerlo. El ridículo y las habladurías pueden lastimar, pero David no estaba dispuesto a dejar que esta interferencia lo desviara de la misión de Dios. Una vez más se ríe de esta interferencia y descarta las burlas de sus hermanos.

Preparación insuficiente

> *Dijo Saúl a David: No podrás tú ir contra aquel filisteo, para pelear con él; porque tú eres muchacho, y él un hombre de guerra desde su juventud* (1 Samuel 17:33).

Cuando nos damos cuenta de nuestras deficiencias, ¿cuán a menudo nos decimos: «*No tengo capacidad para hacer eso*»? Y en ocasiones esa evaluación puede ser cierta. Sin duda lo fue en este caso para David. Después de todo, ¿cómo podía un simple adolescente enfrentarse al héroe del ejército filisteo? Lo que David comprendió fue que Dios estaba llamándolo a hacer algo, y fue esa convicción la que le hizo actuar. No su edad. Ni siquiera su estatura. Tampoco su preparación.

Nadie está completamente preparado, pero siempre tenemos lo suficiente. Todo hombre llamado por Dios es morada del Espíritu Santo; y cada vez que un hombre de Dios bloquea las interferencias y escucha a Dios, este Espíritu compensa toda insuficiencia humana, lo cual significa que el hombre de Dios está llamado a actuar, y calificado para actuar.

Ingenio humano

> *Saúl vistió a David con sus ropas, y puso sobre su cabeza un casco de bronce, y le armó de coraza. Y ciñó David su espada sobre sus vestidos, y probó a andar, porque nunca había hecho la prueba. Y dijo David a Saúl: Yo no puedo andar con esto, porque nunca lo practiqué. Y David echó de sí aquellas cosas* (1 Samuel 17:38-39).

Algunos hombres, por naturaleza, quieren pensar en cómo salir de las situaciones difíciles. He conocido a muchos individuos que son en realidad sumamente inteligentes, y al parecer bien entrenados para resolver sus propios problemas. Pero dadas nuestras enormes capacidades, podemos engañarnos a nosotros mismos y ser atraídos por la autosuficiencia y una falsa sensación de seguridad. Con el tiempo llegamos incluso a persuadirnos a nosotros mismos que escuchemos más nuestro propio ingenio que a Dios.

David no iba a minimizar los riesgos. Simplemente iba a hacer lo que Dios le pedía con las armas con las que ya lo había entrenado. David no necesitaba armamento ni armadura, ni ninguna otra clase de fortificación que pudiera proporcionarle el ingenio humano. Además, estos dispositivos fueron fabricados para un rey adulto, no para un joven pastor de ovejas. Así que David se quitó de encima esta interferencia y simplemente fue obediente a la voz de Dios; usando algunas herramientas de pastor corrió a enfrentarse con su enemigo. Y aunque la victoria parecía improbable, el ingenio humano solo es interferencia para el hombre de Dios. El arma que Dios quería que David usara estaba en manos de su enemigo; David mataría a Goliat con la propia espada del gigante.

Intimidación

> *Cuando el filisteo miró y vio a David, le tuvo en poco; porque era muchacho, y rubio, y de hermoso parecer. Y dijo el filisteo a David: ¿Soy yo perro, para que vengas a mí con palos? Y maldijo a David por sus dioses. Dijo luego el filisteo a David: Ven a mí, y daré tu carne a las aves del cielo y a las bestias del campo* (1 Samuel 17:42-44).

Cuando no nos salimos con la nuestra, a menudo recurrimos a los insultos con el fin de intimidar a otros para que hagan lo que queremos. Y cuando somos los destinatarios de los insultos, a veces cedemos de mala gana nuestra posición. Somos demasiado conscientes del poder personal, económico y social de otros, o incluso de su estatura física, como en este caso. La intimidación puede impedirnos actuar, hablar o confrontar a los perpetradores de injusticia debido a que nos sentimos pequeños y débiles en comparación.

Sin embargo, David no se dejó intimidar. Hizo caso omiso a la interferencia de la intimidación por parte de este gigante, e incluso lo reinterpretó a través de la sabiduría de Dios. Nosotros también debemos prestar oídos sordos a esta interferencia.

Postergación

> *Y aconteció que cuando el filisteo se levantó y echó a andar para ir al encuentro de David, David se dio prisa, y corrió a la línea de batalla contra el filisteo* (1 Samuel 17:48).

Me encanta que David corriera con total desenvoltura. Se metió de lleno, quemando los puentes de regreso detrás de él. No hay vuelta atrás; el joven se enfrentará a su adversario.

Muchos hombres esperan demasiado tiempo y, en consecuencia, viven en la estática de la postergación. Oímos una vocecita que dice que haremos esto o aquello «*cuando me jubile*», «*tal vez más adelante*», o «*cuando tenga suficiente dinero*». Es por esto exactamente que los hombres no corremos, como David hizo aquí. Si él no hubiera vencido la interferencia de la postergación, no tendríamos este relato de la más grandiosa batalla mano a mano de toda la historia. No tendríamos este brillante ejemplo de un hombre que responde al llamado de actuar.

Los hombres que escuchan son capaces de eliminar toda interferencia, y están dispuestos a hacerlo e ir directo al grano. Son conscientes del ruido a su alrededor, pero no lo toman en cuenta ni permiten que apague la voz de Dios. Oyen con claridad la voz de Dios que desplaza a un segundo plano a las obstrucciones que los rodean, hasta que la interferencia se vuelve lejana e irrelevante. Son hombres que oyen bien y actúan bien.

Por tanto, debes estar *atento y ser receptivo*, y *actuar* escuchando la voz correcta.

5

Cinco voces que todos los hombres escuchan

Escuchar la voz correcta

La mayoría de nosotros sabemos que ser hombre requiere tremenda fortaleza y valor. Pero también requiere un buen oído para saber dónde enfocar esa fortaleza y ese valor. Entender esto es crucial para nuestro crecimiento y desarrollo como hombres, líderes y (si no ahora tal vez algún día) esposos y padres.

Es más, no solo debemos escuchar eficazmente prestando atención, aumentando la receptividad y realizando la acción correcta; y no solo debemos evitar las interferencias de temor, fama, oprobio, escarnio, preparación insuficiente, ingenio humano, intimidación y postergación; también debemos escuchar la voz correcta.

Tardé años en comprender esto. Tardé varios años en descubrir lo que estoy a punto de compartir contigo, pero si escuchas con atención a lo que vas a leer podría ayudarte toda la vida y cambiar el modo en que escuchas.

Aparte de los retos que enfrentamos, existen *cinco voces* que gritan a los hombres y que se escuchan con frecuencia a diario. Dadas las circunstancias particulares del día, ciertas voces serán más fuertes que otras, pero estas tienen un poder increíble para dirigir nuestra vida. Cuentan con la capacidad de dirigir o distraer nuestros pensamientos, nuestras actitudes y nuestras acciones, llevándonos hacia la vida y la piedad o hacia la pérdida y la destrucción. La clave para nosotros es entonces ser conscientes de las voces cuando estas surjan, identificarlas y aun redirigirlas. Si puedes hacer todo eso experimentarás mayor éxito en esta vida.

Primera voz: El hombre que creo ser

> *Ellos le dijeron: Concédenos que en tu gloria nos sentemos el uno a tu derecha, y el otro a tu izquierda* (Marcos 10:37).

Todo hombre desea ser legendario; por tanto, *la voz del hombre que creo ser* es en ocasiones la voz más fuerte. Los hombres queremos sostener en alto un trofeo, subirnos a la tarima y ser elogiados por aficionados en un escenario mundial. ¿Tal vez conozcas a alguien que sea una leyenda en su propia opinión? En ciertos días, esto te describirá a ti. Pero es peligroso para los hombres escuchar esta voz de engrandecimiento propio. Esto es evidencia de nuestra más profunda arrogancia y, si no la abordamos, nuestra caída es inminente.

Esto es orgullo, y su voz viene en muchas formas y, finalmente, planta en nuestra mente un pensamiento que influye en nuestras creencias, actitudes y acciones. ¿Cuál es ese pensamiento corruptor? *Que somos mejores de lo que realmente somos.* Lo que decimos y hacemos como resultado de esta creencia es bastante egoísta y nos hace ver egocéntricos. Me pregunto si Jacobo y Juan estaban bajo la influencia de esta clase de voz cuando hicieron la declaración en el versículo anterior. Al posicionarse para el lugar de mayor honor en el reino de Jesús, solamente lograron ganar el premio de «*Los Más Desorientados*» de la época (la cual al parecer era una feroz y continua competencia entre los discípulos de Jesús).

Estoy seguro de que te has encontrado en la vida con algunos sujetos arrogantes. Individuos que son maestros en su habilidad, talento o don, y que han permitido que estas cosas los dominen. Estos hombres están destinados a una gran caída; por tanto, no cometas su error. Evita una muerte segura al sintonizar esta voz de arrogancia.

Segunda voz: El hombre que los demás creen que soy

> *Los fariseos y los escribas murmuraban, diciendo: Este a los pecadores recibe, y con ellos come* (Lucas 15:2).

Sí, es verdad; otros tienen un maravilloso plan para tu vida. Si aún no lo has descubierto, pronto lo harás. Jefes, entrenadores, maestros, amigos y, a veces, incluso tu familia, proyectan una forma de pensar sobre ti. Refuerzan sus voces con tuits, instantáneas, publicaciones y opiniones. Aunque no tengan intenciones maliciosas, su propaganda refleja el hombre *que creen* que tú eres. Esta simplemente es la perspectiva que ellos tienen. Su punto de vista les parece correcto, sea que te guste o no.

Sin embargo, no tienes que conformar tu vida a lo que los demás opinen. Nuevamente, solo se trata del hombre que *otros creen* que eres. La verdad es que cuando familiares, amigos y colegas nos dicen lo que creen respecto a nosotros, tendemos a concluir que tales voces son convincentes, y esclarecedor su discurso. En momentos de vulnerabilidad emocional nos pueden convencer de que adoptemos su perspectiva única. Pero debemos tener cuidado. Debemos recordar que no somos la suma de lo que los demás piensan de nosotros, aunque esta voz sea convincente. Las declaraciones genuinas y las perspectivas genuinas pueden estar genuinamente equivocadas. Pueden llevarnos por una senda de destrucción. Aunque a veces tienen razón, muy a menudo estas afirmaciones están equivocadas, o solo son parcialmente correctas.

A medida que tu identidad se forma, la voz de influyentes amigos, parientes, entrenadores y maestros será sumamente fuerte para ti. Podrías terminar creyendo que todo lo que dicen, en particular lo que afirman de ti, es cierto. Sin embargo, ten cuidado, porque esto te lleva a vivir según lo que *otros esperan de ti*, lo cual podría encaminarte por un rumbo equivocado y estar desalineado de la verdad de Dios.

Muchos hombres han ido tras esta voz, corriendo de una opinión a otra, y terminan confundidos y agotados. Incluso Jesús hizo caso omiso a estas voces, al ver el potencial que tenían de llevarlo por caminos impíos. Fíjate en el versículo anterior de los líderes religiosos. No sigas estas voces impías ni creas a ciegas como la única verdad lo que dicen acerca de ti.

Tercera voz: El hombre que creo que los demás creen que soy

> *También vimos allí gigantes, hijos de Anac, raza de los gigantes, y éramos nosotros, a nuestro parecer, como langostas; y así les parecíamos a ellos* (Números 13:33).

Esta voz puede parecer un tanto confusa cuando la oyes por primera vez, pero quédate conmigo por uno o dos minutos.

Esta voz es la que oímos al acostarnos en la noche, mirando al techo. Nos habla cuando cavilamos en los sucesos del día, considerando aquel fracaso ocasional. Es la voz de nuestra mente hablándole a nuestra alma de lo que los demás piensan de nosotros. Esta voz tiene un poder increíble porque desarrolla pensamientos acerca de nosotros mismos que, al combinarlos con emociones, construyen sistemas de creencias respecto a quiénes somos.

La voz de *lo que creemos que los demás piensan de nosotros* es una voz falaz porque es poderosa, privada y personal. En última instancia puede llevarnos por la senda equivocada.

A lo largo de mi vida no puedo decirte cuántas noches pasé despierto consumido por pensamientos sobre mí y preguntándome qué *pensaban de mí los demás*. Estas voces me perturbaban, resonando en mi mente a través de la línea de tiempo de mi vida. En la cama, oía la voz de un padre poco amoroso, una esposa desagradecida, un jefe insatisfecho, un entrenador que no me apoyaba y un amigo que no me brindó ayuda. Muy a menudo permitimos que estas voces críticas nos convenzan de nuestra falta de valor. Reproducimos los sonidos de estas cintas, avergonzándonos en privado, rumiando tan solo fracasos y permitiendo que estas voces nos controlen la vida.

Cuarta voz: El hombre que realmente soy

> *Yo sé que en mí, esto es, en mi carne, no mora el bien; porque el querer el bien está en mí, pero no el hacerlo* (Romanos 7:18).

En algún momento te vas a encontrar con la voz más desafiadora de todas: la voz de tu pecado.

Sí, los hombres infligimos daño, a veces aun intencionalmente, haciendo sufrir a las personas que nos rodean. Ya eres consciente de esto. Pero de vez en cuando la depravación total de tu pecado se te presentará. Sentirás todo el peso de tu pecado cuando te das cuenta de que no simplemente cometiste un error o heriste a alguien más, sino que ofendiste a Dios. Algunos días sentirás absolutamente devastadora esta voz. Te pondrá de rodillas y no verás salida: es la voz del pecador, el *hombre que realmente eres*.

Cuando esto sucede, quiero que recuerdes que no eres el primero en sentirte así. El apóstol Pablo, por ejemplo, no fue tímido al describir estos momentos de devastadora claridad. Fíjate en sus palabras ya citadas.

Ahora, aunque deseo aconsejarte que hagas caso omiso a esta voz, el problema es que te dice la verdad. Pecaste. Lo echaste todo a perder. Te equivocaste. En realidad ofendiste a Dios y lo volverás a hacer en el futuro. ¡Pero ese no es el final de la historia!

Esta voz, por horrible que sea, nos ayuda al motivarnos a buscar una solución a nuestra desesperanza. Esta búsqueda nos lleva a una mejor decisión: la última voz, la única que debemos escuchar.

Quinta voz: El hombre que Dios dice que soy

> *Hubo una voz de los cielos, que decía: Este es mi Hijo amado, en quien tengo complacencia* (Mateo 3:17).

Al final, solo hay una voz que debemos escuchar, y solo una que debemos oír y actuar en consecuencia. Una voz a la cual prestar atención. Una voz que es verdadera. Es la voz de Dios. Esta voz me muestra *el hombre que Dios afirma que soy.*

Lo que Dios declara, en particular lo que afirma sobre ti, es la única verdad que debes creer. Los demás sonidos que oyes no son más que tonterías, fragmentos disonantes de un mundo perdido y confundido. Pero la voz de Dios es la única verdadera y confiable. La voz de Dios es la única que importa. Es la voz de Dios que te dio vida. Es la voz de Dios que resuena a través del tiempo. Es la voz de Dios que te extiende gracia, amor, misericordia y perdón cuando escuchas voces que insisten en que no mereces estas cosas.

A los hombres se nos desafía a diario a escuchar la voz del Padre, quien ha dicho muchas verdades maravillosas sobre nuestra relación con Él. He aquí algo de lo que Dios declara sobre ti:

Eres santo; has sido bendecido en los reinos celestiales con toda bendición espiritual en Cristo; has sido escogido; has sido adoptado por Dios; tienes redención; se te ha perdonado; dispones de su gracia; has sido sellado por el sello del Espíritu Santo; cuentas con una esperanza sublime; tienes poder por medio del Espíritu. (Esta es una pequeña lista parcial de lo que Dios dice acerca de ti Efesios 1).

Nunca subestimes la voz de Dios, la cual es verdadera. Y nunca dejes de escuchar esta voz cuando lo oigas hablar.

A lo largo de cada día oiremos todas estas cinco voces. Oiremos unas más que otras. Y cualquiera que sea nuestra edad o etapa en la vida, estas cinco voces son fuertes. Incluso ahora mismo una de estas voces es más fuerte que todas las demás. La clave es escuchar solamente la voz correcta:

la quinta. Mantengámonos en sintonía con el hombre que Dios dice que somos, y hagamos caso omiso a todas las demás voces. No se trata del poder del pensamiento positivo, sino más bien de que nos convirtamos en los hombres que ya somos. Se trata del poder redentor de Dios y del hecho de vernos del modo en que Dios nos ve al escuchar únicamente su voz. Es vivir la identidad de Dios, a la manera de Dios.

La voz de afirmación del Padre

Amigo lector: es la voz de tu Padre la que más importa. Es su voz la que pronuncia la frase más hermosa que jamás escucharás:

[Inserta aquí tu nombre] es mi hijo amado,
en quien tengo complacencia.

De las tres ocasiones en que oímos la voz de Dios en el Nuevo Testamento, en dos le hace esta proclamación pública a Jesús. La primera vez fue en el bautismo, y la segunda fue en el monte de la Transfiguración. Creo que Dios le dice esto a Jesús principalmente para que pudiera oír la voz de afirmación de su Padre. Pero también creo que Dios dice esto en voz alta para que nosotros también podamos escuchar, ¡porque también anhelamos escuchar esta voz de afirmación!

Todos los hombres anhelamos escuchar la voz de Dios, pero es menester dejar de escuchar todas las demás voces. Debemos rechazarlas. Debemos prestarles oídos sordos. Y luego solo debemos escuchar la voz del Dios y Padre que nos creó.

Si quieres seguir a Dios, entonces síguelo solo a Él. Si quieres ser el hombre de Dios, entonces escucha solo al Padre de toda la humanidad. Su voz es fidedigna, confiable, segura y verdadera.

Para terminar, fíjate en este mensaje final del Padre. Mientras Jesús estaba reunido con algunos de sus hombres en el monte de la Transfiguración, algo significativo sucedió. Volvió a escucharse la misma voz que habló en el bautismo de Jesús. Fue Dios quien intervino. Sus palabras fueron idénticas en su mayoría, pero toma nota de la pequeña pero significativa adición al final:

Mientras él aún hablaba, una nube de luz los cubrió; y he aquí una voz desde la nube, que decía: Este es mi Hijo amado, en quien tengo complacencia; a él oíd (Mateo 17:5).

6

Un hombre que actúa lucha contra la apatía

¿Qué expresiones utilizarías para describir la cultura actual?

La primera palabra que me viene a la mente es *consumidora*. Nuestra cultura se ha sobreestimulado seriamente por los medios de comunicación, el entretenimiento, la política, la música, la velocidad general de la vida moderna, y la lista continúa. Todo lo que consumimos y que creíamos que facilitaría la vida no la ha hecho más fácil.

Hay otra palabra que me viene a la mente: *vergonzosa*. La vergüenza presenta una verdadera dificultad para la hombría. Tanto la vergüenza pública como la privada devoran la mente de la mayoría de nosotros, lo que hace que sea más retador saber cómo actuar como hombres.

La cultura estadounidense reciente ha vuelto casi vergonzoso el hecho de ser hombre. Parece que ya no podemos usar con orgullo nuestro pronombre *él*, sin idear alguna forma de apología pública por haber nacido hombres. Los varones jóvenes escriben con vergüenza sus pronombres en sus etiquetas de identificación según las instrucciones de sus educadores; lo cual a menudo se siente como una prueba de su «*orgullo*». Esto podría ser porque se nos ha dicho que los hombres somos responsables de la mayor parte de los males de la sociedad: violación, violencia de pandillas, asesinato, tiroteos masivos, opresión a los débiles, delitos violentos y hasta la aprobación y empoderamiento de los individuos que hacen lo mismo. Como si esto no fuera suficiente, en los últimos años las contrapartes vocales femeninas se han opuesto fuertemente a los hombres como género. Hacen esto promocionando mensajes contra el género masculino con la esperanza de poner al descubierto los males y la desigualdad, pero al mismo tiempo aprovechando para su beneficio tales mensajes negativos. A pesar de todo esto creo que sigue siendo bueno ser hombre, vivir sin vergüenza y estar muy orgulloso de ser varón. Sin embargo, ¿cómo haremos esto? ¿Cómo podemos ser hombres y responder a estos retos y cambios culturales con amor y gracia, y no perder todo lo que nos hace varones? Estas son preguntas difíciles de responder, y aún más difícil ponerlas en acción. Pero *hay* una respuesta.

Este tema de la vergüenza puede complicarse aún más si además de *hombres* también somos *cristianos*; puede parecer como si la cultura presionara aún más contra quienes estamos en ambas categorías. Sentimos que debemos permanecer en silencio como *los opresores y perpetradores*, y también en silencio en cuanto a nuestras creencias por temor a *proliferar o hacer proselitismo* a otros. Los hombres en todas partes (independientemente de su edad) nos sentimos refrenados por la presión social en nuestros lugares de trabajo, en nuestras escuelas y en las cuentas de redes sociales. Tememos ser atacados y luego avergonzados públicamente.

Por extraño que parezca, nos da miedo incluso tener estas discusiones en nuestras iglesias, donde sin duda alguna deberíamos poder explorar creencias, tener debates civiles acerca del carácter cristiano y escudriñar profundamente la verdad en la Palabra de Dios sin temor a ser juzgados. Este es el lugar donde nos deberíamos sentir más libres de buscar respuesta a las inquietudes de la vida. Hombres: no debemos avergonzarnos de nuestra fe. Debemos darnos oportunidades de levantar las fortalezas necesarias para una fe que sea fuerte, vibrante e inamovible. Creo que esto también es posible, y que hay una forma de hacerlo que nos ayude en la senda de llegar a ser hombres de Dios y excelentes individuos. Pero descubrir cómo hacerlo es un reto serio.

Nuestro sistema de vida se ha vuelto demasiado sensible a las concepciones individuales del mundo y los derechos y sentimientos individuales. Esto ha tenido consecuencias no deseadas en las interpretaciones sociales de la masculinidad y hasta en la hombría cristiana, siendo la *vergüenza* una de tales consecuencias. Y ni siquiera hemos mencionado la vergüenza privada que experimentan los hombres.

La realidad es esta: cada vez nos resulta más y más difícil saber cómo debemos actuar los hombres en medio de toda la vergüenza pública y privada que experimentamos. El poder, la autoridad, la voz y la moralidad que Dios nos entregó parecen deslizarse entre nuestros dedos. Los hombres titubeamos debido a eso, inseguros de cómo responder, y otras voces más fuertes o enérgicas aprovechan la oportunidad para hablar y actuar con la esperanza de ganar seguidores. En nuestra vacilación, vergüenza y apatía parece que otras agendas salen airosas y que ganan la atención, los corazones y los sentimientos de las masas.

¿Qué debe hacer entonces un hombre?

Los hombres necesitan acción

La conclusión es esta: el momento actual exige que el hombre de Dios necesita pasar a la acción más, no menos; acción tomada de la manera correcta e iniciada por los deseos correctos.

Sin embargo, muchos hombres se sienten encajonados por esta búsqueda. Se sienten atrapados por la cultura; en lugar de explorar libremente nuestra masculinidad, nos restringimos a lo que nuestra cultura aprueba.

A continuación, tres expresiones de masculinidad que todavía son aceptables en nuestro tiempo. Veamos lo que estas nos enseñan acerca de los deseos de los hombres.

Deportes y entretenimiento: Fortaleza

Los hombres necesitamos formas de dejar salir la agresión; no pueden neutralizarnos así no más, por lo que esta agresión debe ser moderada. Queremos animar el juego físico en un evento deportivo. Deseamos luchar contra amigos en juegos en línea. Y tal vez ansiemos ver una o dos películas violentas una y otra vez. Y, aunque hay detractores que condenan estas válvulas de escape, necesitamos medios seguros para explorar, comprender y guiar nuestra agresión. Nada bueno le ocurre a un hombre con una agresión reprimida con la que no sabe qué hacer. La consejería puede ayudar, pero tal vez sea mejor ir a talar un árbol, cazar un animal o competir en un juego.

Los hombres necesitamos válvulas seguras de escape dentro de nuestra cultura, pero parece que cada vez hay menos y menos de estas válvulas socialmente aceptables para la testosterona que producimos naturalmente. Sin un escape disponible, la ráfaga química se manifiesta por medio de pensamientos apasionados, arrebatos de ira, agresión verbal, competitividad, comportamiento dominante y hasta violencia física.

Varias observaciones han demostrado que los niveles de testosterona aumentan durante períodos agresivos de juegos deportivos. Por eso, los hombres actuamos como lo hacemos en fútbol, baloncesto, béisbol y actividades por el estilo. Aunque algunas personas aborrecen la agresividad excesiva ocasional, ¿nos sorprenden sinceramente los empujones extracurriculares o las celebraciones antideportivas? Los participantes son solo hombres, o más bien varones muy jóvenes que están aprendiendo a moderar dentro de límites aceptables todo lo que tienen reprimido. A estos hombres se los entrena, prepara y posiciona para ser agresivos, y luego le damos importancia especial a esa agresividad y los destrozamos públicamente después que cruzan una línea arbitraria e inaceptable. ¿Podría ser esta una forma de vergüenza pública que produce más apatía en los hombres? ¿O es apropiado y necesario mantenerlos en línea?

Los hombres eligen cada vez más el condicionamiento de la resistencia como su válvula preferida de escape, agotando sus cuerpos con la esperanza de encontrar una liberación aceptable. Otros satisfacen su necesidad de competir por medio de la caza, la pesca, el senderismo o la escalada. Creemos que son adictos a la adrenalina, pero, ¿y si solo están buscando una válvula segura de escape a sus necesidades masculinas? Cualquier manera en que se tomen estas salidas, todos los hombres las necesitamos. Necesitamos lugares seguros para explorar e incluso aprender a moderar nuestra dimensión física innata. No podemos ignorar la producción química de testosterona en nuestros cuerpos que exige una liberación física. Pero debemos preguntarnos si estamos usando esta realidad química como una forma de escondernos de una realidad espiritual. No debemos utilizar una liberación física, como un acto momentáneo de agresión, para ocultar los deseos egoístas y salvajes que hay dentro de nuestro corazón; porque cuando arremetemos física, verbal o emocionalmente contra otros, esto podría ser un indicio de que algo está fuera de equilibrio dentro de nuestro corazón. Y debemos solucionarlo.

El comportamiento agresivo está provocado por inseguridades masculinas. Siempre que carecemos de fuerza, competencia o control en un momento dado, nos sentimos débiles. Cuando experimentamos inseguridad podemos sentirnos débiles. Y sentirse débiles es humillante para los hombres que creen que deben ser fuertes, competentes y tener control para ser queridos en la vida y amados por las mujeres. Por tanto, ¿qué hacemos? Bueno, actuamos con agresividad. Hacemos caso omiso a la inseguridad que sentimos y vamos tras la debilidad para tratar de recuperar la fortaleza a la fuerza.

Así es como el apóstol Pablo describe los arrebatos del individuo inseguro:

> *Manifiestas son las obras de la carne* [del hombre inseguro] *que son: adulterio, fornicación, inmundicia, lascivia, idolatría, hechicerías, enemistades, pleitos, celos, iras, contiendas, disensiones, herejías, envidias, homicidios, borracheras, orgías, y cosas semejantes a estas; acerca de las cuales os amonesto, como ya os lo he dicho antes, que los que practican tales cosas no heredarán el reino de Dios* (Gálatas 5:19-21).

Muchos hombres tienden hacia la lista anterior de agresiones porque no han aprendido a tratar con sus inseguridades. Y conocemos muy bien a muchos de ellos. A algunos los conocemos demasiado bien, pues actúan físicamente en lugar de actuar espiritualmente. Y recuerda que debemos actuar, pero debemos enfocar nuestra agresión en lo correcto y de manera correcta.

Los hombres debemos actuar, pero debemos enfocar nuestra agresión en lo correcto y de la manera correcta.

Lamentablemente, no sabemos cómo hacer esto. Sin embargo, la fortaleza de Cristo puede anular nuestras inseguridades humanas, y nos proporciona válvulas de escape buenas y seguras para toda nuestra agresión, de lo cual Pablo también nos enseñó.

> *Todo lo puedo en Cristo que me fortalece* (Filipenses 4:13).

> *Por lo demás, hermanos míos, fortaleceos en el Señor, y en el poder de su fuerza* (Efesios 6:10).

> *Y me ha dicho: Bástate mi gracia; porque mi poder se perfecciona en la debilidad. Por tanto, de buena gana me gloriaré más bien en mis debilidades, para que repose sobre mí el poder de Cristo* (2 Corintios 12:9).

Trabajo y profesión: Propósito

Los hombres usamos el trabajo y la búsqueda de una carrera como una salida para nuestra búsqueda masculina, lo cual no es una sorpresa. Las esposas lo saben. Los hijos lo saben. Los ejecutivos comerciales lo saben e incluso lo aprovechan. Y los directivos lo aceptan y lo recompensan, agradecidos por el aumento de la productividad.

Hay muchos hombres que salen a trabajar para escapar de los retos en casa. Esta no es una forma admirable de pensar, y creo que está en juego un problema más profundo: los hombres batallamos al enfrentarnos a una falta de propósito y no sabemos cómo hallar la determinación que buscamos. Los retos en casa ponen al descubierto nuestro mayor sentimiento de debilidad y nuestra búsqueda mutua de fortaleza masculina. Los hombres podemos escapar hacia ambientes laborales donde nos sentimos más fuertes porque no sabemos cómo buscar propósito en casa, cómo liderar en casa, cómo relacionarnos en casa y cómo discipular en casa. En el trabajo encontramos cierta apariencia de control, poder y autoridad; allí una estructura de mando está clara y, por lo general, entendemos lo que se espera de nosotros. Por tanto, nos perdemos en correos electrónicos, llamadas telefónicas y asuntos relacionados con el trabajo en cada minuto del día porque cada pequeña victoria alimenta nuestra necesidad de logro. Sin embargo, esto no satisface la mayor sensación de logro que proviene de una vida con propósito. En cierto sentido utilizamos el trabajo para ganar tiempo, inoculándonos con propósito que de inmediato se desvanece tras un despido, un cambio de empleo o la jubilación. He conocido infinidad de hombres de prácticamente todo el mundo que declaran: «*Cuando me jubile pienso dedicarme a [llena el espacio en blanco con una actividad que parezca noble]*». Entre los hombres cristianos con quienes hablo, la palabra más frecuente con la que llenan el espacio en blanco aquí es «*un ministerio*», lo que me parece un claro lamento de falta de propósito.

Los hombres queremos sentirnos llenos de significado. Ansiamos descubrir y encontrar nuestro propósito en todos los aspectos de la vida, pero lo buscamos primero de manera vocacional porque esta parece ser una actividad fácil y segura. Pero esto solo satisface algunas de nuestras necesidades, no nuestras verdaderas necesidades, y deja muchas carencias en nuestra búsqueda de propósito.

Los hombres anhelan descubrir y encontrar su propósito en todos los aspectos de la vida.

Considera estas palabras de parte de Dios que se encuentran en el libro de Jeremías. En contexto, esta es una carta que el profeta Jeremías envió desde Jerusalén a los hombres que habían sido llevados cautivos a Babilonia.

> *Yo sé los pensamientos que tengo acerca de vosotros, dice Jehová, pensamientos de paz, y no de mal, para daros el fin que esperáis* (Jeremías 29:11).

La buena noticia es que Dios sabe cuándo sentimos una falta de propósito, y declara que hay un plan, un futuro y una esperanza para todos los hombres, individual y colectivamente, incluso al atravesar una gran tribulación, cuando sentimos que todo propósito se ha perdido. En medio de nuestra confusión estaremos abrumados y perdidos en aspectos que nos producen alguna sensación de logro; pero nuestro propósito no reposa en lo que hacemos, sino en el designio que Dios nos da y en quiénes somos en Cristo.

Los hombres que se centran demasiado en su actual posición se quedarán atrapados en una actividad sin sentido. No verán el panorama más amplio, su propósito macro, ni cómo el propósito de Dios se relaciona con el propósito humano.

Observa aquí el modo en que Dios es claro con Jeremías en el inicio del exilio de la nación a Babilonia.

> *Vino, pues, palabra de Jehová a mí, diciendo: Antes que te formase en el vientre te conocí, y antes que nacieses te santifiqué, te di por profeta a las naciones. Y yo dije: ¡Ah! ¡ah, Señor Jehová! He aquí, no sé hablar, porque soy niño. Y me dijo Jehová: No digas: Soy un niño; porque a todo lo que te envíe irás tú, y dirás todo lo que te mande. No temas delante de ellos, porque contigo estoy para librarte, dice Jehová* (Jeremías 1:4-8).

Dios sabía que los hombres dudaríamos de nosotros mismos dados los retos que encontraríamos por delante, pero tenía un propósito para Jeremías y para todos los demás hombres que vivieron durante esa época. Sea que hablemos del cautiverio babilónico o de nuestro trabajo, Dios está dándonos la oportunidad de descubrir más de su propósito y de nuestro propósito vocacional. El trabajo no tiene que ser un medio para un fin. Puede ser un medio para algo más grande, pero solo si dedicamos tiempo a ver el propósito de Dios en nuestro trabajo. Esto debería motivarnos a reconocer el gran propósito que Dios nos tiene, lo cual influye no solo en nuestro trabajo, sino también en nuestra familia, nuestras amistades y nuestros vecindarios. Al percibir esto descubrimos que el propósito de Dios es más grande, y nos permite lograr mucho más que las simples tareas relacionadas con nuestro trabajo. Los hombres que descubren esto se convierten en varones de acción con propósito.

Los hombres desean llevar una vida de acción con propósito.

Compulsiones y caprichos: Relación

Por último, debemos tratar con las compulsiones y los caprichos excesivos. Los excesos de cualquier clase son una ruta común que muchos hombres tomamos para explorar nuestros anhelos masculinos. Frente al materialismo y consumismo excesivos, ¿nos sorprende que los hombres nos excedamos prácticamente en todo? Comida. Entretenimiento. Redes sociales. Bebida. Pornografía. Nuestra sociedad nos invita a consumir sin restricciones.

Las compulsiones surgen de nuestra incapacidad de comprender cómo satisfacer nuestros propios deseos, pero también se asocian con nuestro abundante acceso a una amplia variedad de material tentador. Para empeorar las cosas, podríamos incluso descubrir que amigos, colegas y familiares encuentran aceptables nuestras compulsiones y nos animan a satisfacerlas. Este refuerzo de nuestra comunidad se convierte en un voto de afirmación. Conozco a muchos hombres para quienes la bebida es su principal asociación relacional; lo cierto es que no pueden imaginarse reuniéndose con otras personas sin beber. Junto con la aceptación relacional, esto es lo que nos hace volver por más de aquello en lo que nos excedemos. Por tanto, renunciar a nuestra compulsión y caprichos significaría renunciar a las relaciones que las acompañan. Al final, la compulsión se ha convertido en un método de escape no solo del hambre relacionada con el vicio, sino también del sentimiento vacío de soledad. Estas actividades pueden ser el único contexto dentro del que un hombre busca relaciones masculinas.

Las compulsiones y los caprichos no representan un problema nuevo. Pero ten en cuenta el verdadero problema: hace mucho tiempo que los hombres estamos hambrientos de relación, compañerismo y amistad de por vida. Y, aunque tengamos miedo de admitirlo, tendemos a tener muy pocos buenos amigos, por lo que no nos atrevemos a arriesgarnos a perder los pocos que tenemos. Fíjate en este primer registro de un hombre con necesidad de compañía.

> *Mas para Adán no se halló ayuda idónea para él. Entonces Jehová Dios hizo caer sueño profundo sobre Adán, y mientras este dormía, tomó una de sus costillas, y cerró la carne en su lugar. Y de la costilla que Jehová Dios tomó del hombre, hizo una mujer, y la trajo al hombre* (Génesis 2:20-22).

Solo un capítulo después, el hombre da una respuesta interesante a su deseo de relación y compañía. En lugar de intervenir para interrumpir la desobediencia de su esposa, se une a ella en el pecado. ¿Podría esta compulsión y capricho por comer haber resultado de su necesidad de compañía y aceptación? Sin duda, la cuestión era tratar de conseguir algo que ninguno de los dos tenía aún, pero al final lo quisieron *juntos*. Para ser claros, este pecado no fue un acto de lealtad equivocada, bien intencionada y abnegada del uno por el otro, porque tan pronto como Dios comenzó a repartir consecuencias, la vergüenza de Adán se torna en inculpar.

> [Adán] *respondió: Oí tu voz en el huerto, y tuve miedo, porque estaba desnudo; y me escondí. Y Dios le dijo: ¿Quién te enseñó que estabas desnudo? ¿Has comido del árbol de que yo te mandé no comieses? Y el hombre respondió: La mujer que me diste por compañera me dio del árbol, y yo comí* (Génesis 3:10-12).

Como hombres deseamos la relación más de lo que queremos admitir. Aunque las acciones ocasionales de machismo podrían sugerir que somos fuertes, agresivos e independientes, nuestra necesidad central de aceptación y compañía es la que en realidad nos guía. Estamos dispuestos a aferrarnos a malas relaciones, y a las compulsiones y los caprichos que las acompañan, porque nos avergüenza admitir que no sabemos cómo satisfacer nuestros deseos de otras maneras ni cómo defender lo que es correcto. Definitivamente, nos da miedo arriesgar la relación que tenemos a la mano. Esto es verdad en muchos roles para los hombres: como esposo, padre, líder y en las relaciones con amigos. Nuestra desesperada necesidad de relación da paso a compulsiones y caprichos que continúan en el tiempo en nuestro intento de escapar de los retos que sentimos.

Los hombres anhelan compañía, pero a menudo hay vicios que acompañan a ciertas compañías.

En mis viajes por el mundo he visto a la mayoría de los hombres recurrir a estas tres mismas válvulas de escape; deportes, trabajo y compulsiones nos llevan a explorar nuestras fuerzas, nuestro propósito y nuestra relación. Los hombres arraigados en la cultura estadounidense no somos diferentes de los de Asia, Sudamérica o el Oriente Medio. Los mismos problemas afligen por igual a los hombres en el primer y tercer mundo. Todos estamos sedientos de acción y buscando válvulas de escape para satisfacer nuestros profundos anhelos exclusivos de nuestro género. Al final solo estamos tratando de encontrar nuestro camino como hombres.

Atrofia masculina

Nuestros problemas son complejos, más de lo que nosotros, o los demás, queremos admitir.

Aunque las válvulas aceptables de escape para búsquedas masculinas parecen esfumarse, el mayor problema es que el proceso de convertirnos en hombres está cambiando dentro de nuestra cultura. El sistema mediante el cual transmitimos la hombría a la siguiente generación está en riesgo. Aunque parece que la hombría está bajo ataque, podríamos estar descubriendo que lo que en realidad está bajo ataque es el diseño de Dios y su medio de transmisión exitosa para las generaciones futuras. La transmisión de la hombría que honra a Dios es fundamental para que las generaciones futuras de varones sepan lo que significa ser hombre. Vergonzosamente, hemos perdido nuestro camino.

Si estudiáramos con atención nuestro panorama cultural descubriríamos que la ausencia del padre es quizás una de las grandes epidemias que nos afectan hoy día. Afecta a todo el mundo. La carencia de padre, y me refiero a la ausencia de la presencia masculina en el hogar, tiene graves secuelas negativas sobre el matrimonio, los hijos y la transmisión de la hombría. Si esta ausencia se soluciona, tal vez podría ayudar a curar muchos de los males del mundo.

En un documento publicado por el Departamento de Justicia de los Estados Unidos titulado: «¿Qué puede hacer el gobierno federal para disminuir la delincuencia y revitalizar las comunidades?», descubrimos algunas estadísticas sorprendentes acerca de la desesperada necesidad de liderazgo masculino en el hogar. Ten en cuenta que este es un estudio secular sobre el tema del delito y la revitalización. El análisis establece que los hogares sin padres representan:

- *90% de todos los jóvenes sin hogar y fugitivos,*
- *85% de todos los niños que presentan trastornos de comportamiento,*
- *75% de pacientes adolescentes en centros de abuso de sustancias,*
- *75% de violadores motivados por ira desplazada,*
- *71% de todas las deserciones escolares,*
- *70% de menores en centros estatales, y*
- *63% de suicidio de jóvenes.*

Esto dice algo sobre la necesidad del padre, y sobre cómo su ausencia afecta a la sociedad en general. Por otro lado, cuando el padre está presente en casa hay una influencia positiva casi igual. Los logros educativos aumentan, el uso de drogas disminuye, y las tasas de encarcelamiento decrecen. Todo esto se ve afectado por un solo aspecto: un padre que está presente. Pensemos ahora en la influencia que experimenta un padre totalmente comprometido y que también proporciona liderazgo espiritual. Piensa en el poder y la autoridad que poseemos y que se perderá sin la exitosa transmisión de principios bíblicos a la siguiente generación. Creo que los hombres podemos cambiar el mundo. Y, a pesar de que estamos bajo ataque, no podemos dejar de transmitir a la siguiente generación lo que Dios nos ha dado. No podemos ser apáticos.

Nuestra mayor oportunidad para la exploración de la virilidad y el desarrollo masculino se encuentra exactamente en el hogar. El liderazgo masculino dentro de la unidad familiar, combinado con instrucción piadosa, es el medio para transmitir hombría.

> *Oye, Israel: Jehová nuestro Dios, Jehová uno es. Y amarás a Jehová tu Dios de todo tu corazón, y de toda tu alma, y con todas tus fuerzas. Y estas palabras que yo te mando hoy, estarán sobre tu corazón; y las repetirás a tus hijos, y hablarás de ellas estando en tu casa, y andando por el camino, y al acostarte, y cuando te levantes. Y las atarás como una señal en tu mano, y estarán como frontales entre tus ojos; y las escribirás en los postes de tu casa, y en tus puertas* (Deuteronomio 6:4-9).

Siempre fue el plan de Dios que los hombres lideraran. Primero deben *ser guiados* por Dios y aprender a amar la autoridad de Dios con todo el *corazón, el alma* y *las fuerzas*. Después de esto se nos ordena (no es opcional) *influir, hablar, atar* y *escribir* mientras estamos *sentados, andando, acostados* y *levantados*. Este es el compromiso activo y total del padre en el liderazgo y dirección espiritual del hogar a partir de un corazón sumiso.

Ahora, para aquellos que crecimos en hogares sin padre, como yo, sabemos lo que nos perdimos, y a veces sentimos que tenemos años de retraso. Para los que crecimos en hogares cristianos o tal vez experimentamos algo de esto, como ocurrió con mi abuelo, comprendemos el importante valor espiritual e influencia. Y para aquellos que somos primera generación de padres cristianos, también lo entendemos. Entendemos que tener un modelo masculino cristiano en el hogar marca una gran diferencia. Pero cuando no nos han enseñado a ser hombres, esposos, líderes y padres, tendremos muchas preguntas a lo largo del camino, y a menudo nos avergüenza admitirlo.

Nuestros problemas fluyen de lo que nos han, o no nos han, transmitido. No podemos volvernos varones piadosos sin tener otro varón piadoso que nos muestre el camino. Por tanto, lo que en realidad está bajo ataque, y siempre lo ha estado, es la transmisión del mensaje de Dios a toda la humanidad. Lo único que romperá este ciclo es un hombre que decida activamente transmitir esto a los que vienen tras él. Pero la pregunta resultante es: ¿qué hacer cuando no se nos ha enseñado?

Qué hacemos cuando no se nos ha enseñado a tratar con las agresiones que surgen de la inseguridad, cómo abordar la carencia de propósito en nuestras profesiones y nuestra vida personal, o cómo reducir las compulsiones que se alimentan de las relaciones. Si le preguntas a un hombre si entiende cómo tratar con estos asuntos, tal vez admita que no sabe qué hacer. Nos falta la guía necesaria para comprender estos problemas, y no se nos ha dicho cómo actuar. Al final, creo que los hombres escapan a los deportes, el trabajo y las compulsiones porque no tienen mejores ideas.

Dedica un momento a tratar de responder las siguientes preguntas:

- *¿Cuál es la mejor manera de tratar con mis agresiones reprimidas?*
- *¿Cuál es la manera correcta de encontrar un propósito significativo?*
- *¿Cuál es la forma adecuada de levantar amistades perdurables cuando me siento aislado y solo?*

¿Has tenido alguna vez un padre que te planteara estas preguntas? ¿Las has analizado alguna vez con algún otro hombre? ¿Cuándo fue la última vez que estas inquietudes surgieron en tu grupo pequeño de hombres?

La mayor parte del tiempo nos avergüenza admitir que tenemos estos interrogantes. O tal vez nos avergonzamos aún más de que recién ahora descubramos lo profundo de nuestra confusión. Y ya que no debatimos nuestras preocupaciones, nos estamos perdiendo enormes oportunidades de analizar con hombres la masculinidad que honra a Dios en una forma que pueda ayudar a futuras generaciones de varones.

Y luego se produce la atrofia del patrón masculino.

Atrofia es la disminución constante de la eficacia de un músculo debido a la falta de uso. Quienes nos hemos fracturado un brazo o una pierna y hemos tenido que usar yeso conocemos la atrofia. Cuando tenemos que usar yeso o un soporte durante un período largo, la atrofia puede ser grave. La falta de uso de los músculos ocasiona que el tejido y las células se deterioren y colapsen.

Además, creo que la *atrofia espiritual* entre los hombres está en aumento.

Cuando hablo con pastores, líderes de varones y directores de ministerios de hombres, todos coinciden en que los varones son con mucho la audiencia más difícil de alcanzar. Algunos se lamentan hasta la saciedad de este tema y viven frustrados con los hombres que están espiritualmente estancados, indecisos y apáticos. Llamémoslo atrofia espiritual: un colapso espiritual provocado por apatía en el patrón masculino. Debemos abordar esto. Aunque podemos culpar a nuestra educación familiar, a los movimientos de mujeres liberales, a la velocidad de la sociedad, a la iglesia o a la accesibilidad general al pecado, en algún momento debemos dejar de culpar a otros y así poner fin a la vergüenza. Ya probamos la vergüenza y la culpa en el huerto, y Dios aún sigue llamando a los hombres a la acción. Debemos responsabilizarnos por nuestra *apatía espiritual* que resulta en *atrofia espiritual* dando un paso de acción piadosa. Todo puede cambiar con un solo hombre que actúe.

La apatía es la peor opción posible para los hombres. Cuando nuestros motivos son puros, la acción siempre es una buena alternativa, aunque resulte en que hayamos elegido la acción errada. Podemos aprender de nuestras acciones incluso cuando hacemos lo equivocado. La acción incorrecta sigue siendo el movimiento y la utilización de músculos espirituales. Incluso si hacemos todo mal, habremos aprendido otra manera de no hacer algo en el futuro. Pero la inacción interrumpe el desarrollo espiritual. Por tanto, el lugar estratégico para comenzar la lucha es con nuestro enemigo: la apatía. Porque la apatía conduce a la *atrofia*.

El lugar estratégico para comenzar la lucha es con nuestro enemigo: la apatía. Porque la apatía conduce a la atrofia.

Un hombre que luchó contra la apatía y ganó

Regresemos por un momento a la historia a la que ya hemos hecho referencia. La batalla del Antiguo Testamento entre David y Goliat es tal vez el combate más famoso de la Biblia. Ya sea que conozcas la historia completa o no, profundicemos en la narrativa. David, un adolescente, se enfrenta cara a cara con un gigante guerrero de casi tres metros de altura que se ha unido a los filisteos en batalla.

Sin embargo, la pelea fue realmente una lucha contra el patrón masculino de apatía y atrofia espiritual.

Imagina la ubicación. Un campo en el valle de Ela. Dos ejércitos enemigos han acampado para guerrear en colinas opuestas con vista al valle que las separa: los israelitas en un costado y los filisteos, los que odian a Dios, en el otro. Los israelitas van a la batalla bajo el liderazgo del rey Saúl, quien hacía poco había sido ungido por el pueblo como el primer rey de la nación. Lo eligieron principalmente por su gran tamaño y estatura; el hombre sobresalía una cabeza por encima de todos los demás.

Los dos ejércitos estaban reunidos para la guerra, pero durante cuarenta días no había habido verdadero enfrentamiento. Solamente se hicieron preparativos. Se trazó la línea de batalla. Hubo vítores y consignas contra el bando opuesto, pero no ofensiva. Según la costumbre, el comandante envía a pelear a todo el ejército o selecciona un solo hombre como el campeón designado para desafiar al mejor luchador del otro ejército. En otras palabras, cada campeón libra la batalla a favor de su ejército. El ganador tomará el botín del otro.

Cada día Goliat aparece en su colina y desafía a que alguien salga y pelee *mano a mano*. Cada día sucede lo mismo y, sin embargo, nadie en el ejército israelita ha estado dispuesto a enfrentarlo. Los soldados carecen de valor, voluntad y motivación. Son individuos apáticos, estancados y vacilantes en una espiral descendente de confianza que parece irreversible.

No obstante, un jovencito llamado David entra en escena, y es quien le enseñará al pueblo de Dios, al enemigo de la nación y a todos los hombres del futuro a pelear, no contra un gigante, sino contra la apatía. Esta es la batalla que todos los hombres deben librar.

¿Cómo pasar, pues, de la apatía a la acción? He aquí seis cosas que hizo David.

Arriesgarse

> *Dijo David a Saúl: No desmaye el corazón de ninguno a causa de él; tu siervo irá y peleará contra este filisteo* (1 Samuel 17:32).

El apretón de la apatía en los hombres es fuerte. Pero para convertirnos en hombres de acción tenemos que estar dispuestos a luchar contra nuestra propia voz de inacción. La vergüenza no debe hacernos retroceder. Las circunstancias no deben detenernos. La incertidumbre no debe reprimirnos. Debemos optar por no permitir que la apatía nos gobierne. Cuando David entró en escena, toda una nación de hombres había permanecido física y espiritualmente apática. Pero el muchacho que llegó al campo de batalla con una bandeja de panes y queso es el primero en arriesgarse.

Como hombres debemos pasar del banquillo al campo de juego. Debemos asumir algún riesgo. Arriesgarnos a perder una antigua relación carnal y a construir una nueva relación espiritual. Arriesgarnos a comprometernos con la comunidad cristiana. Arriesgarnos a defender nuestra fe. Arriesgarnos a dejar nuestro corazón allá afuera. Arriesgarnos a hablar de una lucha o un temor. Comenzamos la batalla al asumir un pequeño riesgo y luego repetirlo con regularidad.

Se pelea contra la apatía al tomar pequeños riesgos a diario.

Reconocer la preparación

> *David respondió a Saúl: Tu siervo era pastor de las ovejas de su padre; y cuando venía un león, o un oso, y tomaba algún cordero de la manada, salía yo tras él, y lo hería, y lo libraba de su boca; y si se levantaba contra mí, yo le echaba mano de la quijada, y lo hería y lo mataba. Fuese león, fuese oso, tu siervo lo mataba; y este filisteo incircunciso será*

como uno de ellos, porque ha provocado al ejército del Dios viviente. Añadió David: Jehová, que me ha librado de las garras del león y de las garras del oso, él también me librará de la mano de este filisteo (1 Samuel 17:34-37).

Dios siempre está preparando a su hombre. Ha estado haciendo esto desde el principio de los tiempos. Y estuvo preparando a David desde muy joven. El trabajo del muchacho de pastorear ovejas era al parecer una tarea despreciable a los ojos de todos los demás, pero él era consciente de que Dios estaba preparándolo para algo grande. Aquí en una actividad insignificante, Dios estaba dándole significado. Estaba preparándolo para una vida de lucha contra la apatía. Estas pequeñas batallas no tenían que ver con pastorear o cazar, sino que preparaban el escenario para una vida de lucha espiritual contra la apatía.

Dios ha otorgado dones a todos los hombres y desea que hagan avanzar el reino. Cualquiera que sea tu línea de trabajo (plomero, carpintero, electricista, asesor financiero, contador, vendedor, abogado o ejecutivo), Dios te ha llamado a actuar y así influir en este mundo. Lo interesante es que, al igual que David, Dios ha estado preparándote desde tu juventud para que actúes en su reino. Él quiere que reconozcas esa preparación; estás llamado a actuar y hablar en nombre de Dios en cualquier forma que puedas. Aunque pudieras creer que esta preparación es insignificante y poco espiritual, ¿qué tan espiritual es lanzar una piedra con una honda? Sin importar lo que hagas, lo importante es que lo hagas y que reconozcas que es Dios, no el ser humano, quien te prepara. Es más, Dios ya te ha preparado con destrezas, talentos y recursos que otros no tienen. No se trata simplemente de una honda y una piedra; es una honda y una piedra en la mano de un hombre preparado por Dios.

Combate la apatía dándote cuenta de que eres un hombre preparado por Dios.

Frenar la razón humana

Y ciñó David su espada sobre sus vestidos, y probó a andar, porque nunca había hecho la prueba. Y dijo David a Saúl: Yo no puedo andar con esto, porque nunca lo practiqué. Y David echó de sí aquellas cosas. Y tomó su cayado en su mano, y escogió cinco piedras lisas del arroyo, y las puso en el saco pastoril, en el zurrón que traía, y tomó su honda en su mano, y se fue hacia el filisteo (1 Samuel 17:39-40).

Lo que resulta especialmente intrigante de este momento es que el rey Saúl es la opción natural para pelear contra el gigante, dada su impresionante estatura. Sin embargo, le da a David todo su equipo y todas sus armas de gran tamaño hechas a medida del rey. Ese sí que es un verdadero enigma. ¡Qué discrepancia! Este momento es ridículo si te pones a pensar por un instante en la naturaleza absurda de la situación.

En un ejército repleto de individuos apáticos, el rey Saúl es el más flagrante de los culpables. Él es quien debió haber entrado en batalla y pelear contra Goliat, pero en lugar de eso la apatía se apoderó de él y lo pegó a la banquillo, dejándolo fuera del partido. Fundamental y simbólicamente, Saúl le entrega el reino a un muchacho. En este episodio, Dios le muestra al rey Saúl y a la nación de Israel que David, el único que no está encadenado a la apatía, es su próxima opción para ser rey.

Me encanta el instante en que David se pone la armadura. Intenta caminar con ella, lo cual es un gesto bienintencionado y racional para con el rey, aunque ilógico. Recuerda por favor que esta no se debe ver como una batalla entre seres humanos. David comprende rápidamente que el gesto es amable pero la lógica está equivocada, tira a un lado el regalo y la lógica. Cuando lo ves salir a la batalla, el muchacho utiliza las herramientas con las que Dios ya lo ha dotado. La estrategia de David es activar la fe contra la razón humana, no batallar contra fuerzas humanas.

Los hombres se apoyan demasiado en razonamiento, estrategia y lógica humanas, y por eso, precisamente, no actuamos. No actuamos porque preferimos resolverlo todo por nuestra cuenta, desarrollar una estrategia a prueba de errores humanos, y conocer el final antes incluso de comenzar. Esto es exactamente lo que nos retiene o provoca una acción equivocada. No es que la razón humana sea mala, solo que tiene sus límites. En algún momento debemos admitir que hemos llegado al final de la lógica humana y actuar en fe.

Si alguna vez alguien te dijo que lo que estabas haciendo era una locura, entonces sabes lo que significa llegar al final de la lógica. Los hombres deberían buscar más de estos momentos: en el matrimonio, la familia, el trabajo, la iglesia, el vecindario y más allá. Cuando presionamos los límites de la lógica humana al tiempo que nos mantenemos cimentados en la verdad bíblica, podemos mirar hacia atrás y ver que nuestro pequeño acto tuvo resultados milagrosos, y es de estos momentos que los hombres están hechos. Podemos descubrir que vivimos con mayor expectación y darnos cuenta de que quizás lo que ya tenemos es suficiente.

Combate la apatía recordando que donde la lógica humana termina, Dios comienza.

Declarar la voluntad de Dios

> *Entonces dijo David al filisteo: Tú vienes a mí con espada y lanza y jabalina; mas yo vengo a ti en el nombre de Jehová de los ejércitos, el Dios de los escuadrones de Israel, a quien tú has provocado. Jehová te entregará hoy en mi mano, y yo te venceré, y te cortaré la cabeza, y daré hoy los cuerpos de los filisteos a las aves del cielo y a las bestias de la tierra; y toda la tierra sabrá que hay Dios en Israel. Y sabrá toda esta congregación que Jehová no salva con espada y con lanza; porque de Jehová es la batalla, y él os entregará en nuestras manos* (1 Samuel 17:45-47).

Me pregunto si deberíamos reír o temblar. Imagina a un adolescente agitando su vara delante de un guerrero de casi tres metros, y del escudero del gigante, mientras les declara este juicio a gritos. Se trata de una escalofriante profecía que se cumpliría al pie de la letra en cuestión de segundos. Y lo sorprendente de esto es la manera en que David se enfoca en Dios con tanta confianza. El joven está lleno con pensamientos acerca de Dios. Ha comprendido que esta no es una batalla entre un muchacho y un gigante, sino entre un individuo que jura, insulta y odia a Dios, y el Dios todopoderoso. Al final, es Dios quien derrotará a Goliat. Es Dios quien derrotará a los filisteos porque han deshonrado al Todopoderoso. La realidad humana se ha desvanecido para David, y lo único que ve es una realidad espiritual; por tanto, actúa y, fíjate en esto, *declara la voluntad de Dios,* no la suya propia.

Cumpliríamos mejor en el matrimonio, en la crianza de los hijos, en el trabajo y en la vida si proclamáramos únicamente la voluntad de Dios y no la nuestra. Si cuando estamos bajo presión habláramos menos desde nuestra mente, nuestro juicio, nuestros deseos y nuestra voluntad, y en cambio sacáramos los pensamientos del corazón de Dios, tan solo considera cuánto mejor sería la vida. Si pudiéramos ver con visión espiritual los problemas que enfrentamos, y a la luz de batallas espirituales, cuántas hostilidades nuestras dejaríamos de pelear y pelearíamos las batallas que Dios desea que enfrentemos. Pero esto significa que debemos ser menos apáticos al tono espiritual de cada momento y reconocer lo que Dios quiere que hagamos, en lugar de lo que queremos hacer por nuestra cuenta. Ser menos apáticos significa que nuestra voluntad pasa a un segundo plano frente a la voluntad de Dios, que expresamos sin importar cómo nos sintamos.

Lucha contra la apatía hablando la voluntad de Dios, no la tuya.

Atacar

> *Y aconteció que cuando el filisteo se levantó y echó a andar para ir al encuentro de David, David se dio prisa, y corrió a la línea de batalla contra el filisteo* (1 Samuel 17:48).

Fíjate en lo que David hace aquí: *se dio prisa*. Tan pronto como David pisa el campo de batalla es consciente de que no hay vuelta atrás. Ha quemado los barcos, los puentes y el camino de regreso. Esta no es una caminata. No es un paseo. Es una carrera, y David está dispuesto a batallar hasta el final. Se trata de algo inspirador. Me pregunto cómo se habría visto esto en cámara lenta de alta definición. Un día Dios lo reproducirá para todos nosotros en el cielo, y quedaremos asombrados.

A fin de actuar tendrás que atacar el problema, tus problemas. En algún momento, cuando estés lidiando con la tendencia hacia la apatía en tu vida, tendrás que enfrentarla. Deberás enfrentarla con frenesí. Deberás enfrentarla como si te hubieras olvidado de todo lo demás. Adelante, déjalo todo atrás. Tendrás que ir con todo; deberás ir con todo y contra todo. No hay vuelta atrás.

Hay algo que se activa en la vida de un hombre cuando va con todo, porque cuando actúa así sucede algo increíble. Aquí es donde empiezan las grandes historias. Las historias de victoria, logro, comienzos y realización. Creo que los hombres se convencen con demasiada facilidad de meter los dedos de los pies en el agua, pero esto no es suficiente. Nadie se inspira en un individuo que sumerge los dedos de los pies en el agua, pero cuando un hombre hace todo lo posible, nos inspira a todos. Cuando un hombre espiritual ataca, entonces suceden milagros del tamaño de Dios. ¿Necesitas un milagro en tu vida? Intenta atacar con todo en acción.

Lucha contra la apatía emprendiendo con frenesí una acción piadosa.

Pelear hasta el final

> *Y metiendo David su mano en la bolsa, tomó de allí una piedra, y la tiró con la honda, e hirió al filisteo en la frente; y la piedra quedó clavada en la frente, y cayó sobre su rostro en tierra. Así venció David al filisteo con honda y piedra; e hirió al filisteo y lo mató, sin tener David espada en su mano. Entonces corrió David y se puso sobre el filisteo; y tomando la espada de él y sacándola de su vaina, lo acabó de matar, y le cortó con ella la cabeza* (1 Samuel 17:49-51).

Cuando volvemos a contar esta historia optamos por suavizar estos detalles sanguinarios y hermosos. Sin embargo, ¡es la mejor parte! David lanzó con su honda una piedra a este hombre, la cual lo hirió de muerte entre los ojos. Recuerda que David no está luchando esta batalla física. La lucha de David es contra la apatía; Dios es quien pelea contra Goliat. Ten en cuenta que hay miles de hombres observando de pie cómo se desarrolla este momento, parados en el profundo estanque de la apatía. Han tenido cuarenta días de preparación para este combate. Cuando el gigante Goliat demandaba un retador, ninguno de estos hombres respondió. Eran apáticos. No habían hecho ni dicho nada frente a la injusticia y el pecado. Pero un jovencito entró en escena y estuvo dispuesto a luchar. Y mientras los soldados observaban al chico David peleando, el que en realidad batallaba era Dios. Fue Él quien cargó esta piedra y la hundió en ese individuo blasfemo, haciendo que Goliat cayera de bruces y se inclinara delante de Dios y la nación de Israel.

Entonces viene la parte sangrienta: David se acerca a este sujeto y le corta la cabeza. No con la inexistente espada de David, ni con la espada de Saúl de mayor tamaño que el promedio, sino con la excesivamente enorme espada de Goliat. La arranca de un tirón del costado del gigante, la desenvaina y procede a quitarle la excepcionalmente grande cabeza del cuerpo. Luego David sostiene tanto la cabeza como la espada de este hombre al regresar a la batalla. Ahora bien, ese es un final que deseo que Dios reproduzca para mí en el cielo, pero me encantaría que enfocara con la cámara los dos ejércitos... supongo que hubo algunos segundos en que todos estaban conmocionados. Apostaría que los hermanos de David y el rey Saúl quedaron boquiabiertos.

Hay una gran lección aquí. En toda esta acción sangrienta vemos que, a veces, cuando actuamos contra el impulso de la apatía, descubrimos los recursos que necesitamos, no de vuelta a la tienda sino en el campo de batalla. Dios está preparando recursos allá afuera y desea que vayamos y los tomemos, lo cual podemos lograr solo con la activación de nuestra fe contra la apatía espiritual. La espada que Dios quería darle a David estaba en la batalla; David tuvo que salir a buscarla, y Dios sabía que el joven actuaría.

Batalla contra la apatía creyendo que Dios proveerá la victoria que deseas, pero recuerda que los recursos que necesitas podrían estar en la batalla. Así que pelea hasta el final.

Haz algo

Apatía es *no hacer nada ni decir nada* cuando Dios nos ha llamado a *actuar* y *hablar.*

Haz algo; decide actuar. Cuando un hombre actúa, aprende. Sea que actúe correctamente o que se equivoque, un intento de obediencia fiel es donde debemos empezar. Estas experiencias nos ayudarán a aprender exactamente qué hacer o qué no hacer en el futuro.

Fallarás de vez en cuando, pero esto no significa que seas un fracaso. Solo has descubierto otra manera de hacer las cosas, lo cual es mejor que no hacer nada. Así que deja de no hacer nada. No haciendo nada es exactamente cómo nos metimos en el problema del pecado desde el principio.

En el huerto, el hombre no hizo nada ni dijo nada.

Por el contrario, sé un hombre, un hombre de Dios, uno que actúa.

SEGUNDA PARTE

Actividades de un hombre que actúa

7

Cinco fundamentos

Vince Lombardi, ampliamente considerado el mejor entrenador de fútbol americano de la historia, empezaba el entrenamiento de campo en cada temporada de la misma forma. Solía decir, sosteniendo un balón de fútbol americano en la mano derecha: «Señores, esto es un balón». Lombardi comprendía el poder de volver a enseñar y volver a aprender cada temporada los fundamentos del bloqueo, las acometidas y las formaciones. Aunque los jugadores creían que esos aspectos elementares eran triviales, aprendieron a respetar a Lombardi, y el equipo ganó cinco campeonatos de la NFL en siete años. Podemos lograr el mismo éxito en nuestro trayecto espiritual cuando nos apegamos a los fundamentos establecidos en la Palabra de Dios.

Al igual que muchos hombres, a inicios de mi recorrido cristiano lidié con los fundamentos, y hasta cierto punto sigo lidiando. Con frecuencia queremos dejar de lado estas disciplinas, creyendo que son demasiado triviales. ¿No podemos simplemente centrarnos en las «*cuestiones más profundas*» de la fe (sea lo que sea que estas signifiquen)? Pero he llegado a descubrir que el entrenador Lombardi tenía razón. Debemos conocer los fundamentos y practicarlos. Y debemos conocerlos bien porque nos veremos obligados a abordarlos vez tras vez. Son esenciales para cada aspecto de nuestro caminar cristiano.

Visión general de los fundamentos

He descubierto que las cinco disciplinas siguientes son básicas para los hombres. Son los fundamentos en el desarrollo de nuestra fe. Nos enseñan la mejor manera de correr, pasar, tomar, bloquear y atacar en nuestra fe (por así decirlo). Cada una de estas actividades fundamentales es necesaria tanto para *oír* como para *actuar.* Tales actividades constituyen la manera en que *escuchamos.* Nos ayudan a ser progresivamente más como Cristo, a convertirnos en *los hombres que Dios quiere que seamos.*

Estas disciplinas no están edificadas en el ingenio humano; son herramientas eternas que Jesús utilizó con sus hombres. Desde entonces, los discípulos las han transmitido de generación en generación. Son los medios de nuestro crecimiento independientemente de nuestra edad física o etapa espiritual. Están hechas tanto para el novato como para el maduro, para jóvenes y viejos. Son tan relevantes para nosotros hoy día como lo fueron para los hombres que vivieron hace dos mil años.

Estos fundamentos no son el medio de nuestra salvación, sino más bien un medio de crecimiento que surge de nuestra salvación. Esta es una distinción importante; solo Cristo es quien salva. Solo Cristo salva a los hombres del pecado que nos separa de Dios. Nuestra salvación está completa en su obra por medio de su vida, muerte y resurrección.

Estos fundamentos no son el medio de nuestra salvación, sino más bien un medio de crecimiento que surge de nuestra salvación.

Estos fundamentos no son vehículos de la gracia de Dios (algo que Él hace). No son atributos de virtud o carácter (algo que aspiramos llegar a ser). No son resultados que buscamos (el producto de nuestras acciones). En pocas palabras, estas son actividades que hacemos para desarrollar el reino de Dios. Son herramientas sencillas que todo hombre debería aprovechar con regularidad a lo largo de la vida. Resuelven el modo en que un hombre está entrenado para oír y actuar. Así es como el apóstol Pablo se lo dijo a su protegido Timoteo:

Entrénate para una vida dedicada a Dios (1 Timoteo 4:7, PDT).

Entrenar logra un cambio; sin embargo, ¿para qué se deberían entrenar los hombres? Bueno, la respuesta es sencilla: Debemos ser entrenados para oír y actuar.

Actividad fundamental

Escucha cómo Jesús lo declara.

> *Cualquiera, pues, que me oye estas palabras, y las hace, le compararé a un hombre prudente, que edificó su casa sobre la roca. Descendió lluvia, y vinieron ríos, y soplaron vientos, y golpearon contra aquella casa; y no cayó, porque estaba fundada sobre la roca. Pero cualquiera que me oye estas palabras y no las hace, le compararé a un hombre insensato, que edificó su casa sobre la arena; y descendió lluvia, y vinieron ríos, y soplaron vientos, y dieron con ímpetu contra aquella casa; y cayó, y fue grande su ruina. Y cuando terminó Jesús estas palabras, la gente se admiraba de su doctrina* (Mateo 7:24-28).

He enseñado estas palabras durante años, y hay mucha sabiduría en lo que Jesús manifiesta en estos pocos versículos. Muestra dos clases de individuos (prudentes e insensatos) que construyen lo que parecen ser dos casas iguales (sus vidas visibles) pero en dos ubicaciones diferentes (sobre roca y arena). La roca y la arena significan dos maneras en que los hombres levantan sus vidas. El hombre que construye sobre arena *oye* y *no realiza ninguna acción*. El que construye sobre la roca *oye* y *ejecuta la acción necesaria.*

Entonces llega la tragedia, una tormenta, como sucede en la vida. Esta tempestad pone al descubierto el modo en que cada hombre construyó su casa; o mejor, sobre qué se han construido las partes visibles (roca o arena). Por la forma en que Jesús narra esta breve historia está claro que la tormenta es inminente desde el principio; es probable que los hombres sepan que sus casas serán probadas. Y la tormenta (los sufrimientos de la vida) expone realmente la integridad de las casas (vidas) que los dos hombres se han construido. Aunque por fuera estas «casas» pueden parecer iguales, los sujetos han enfocado la construcción de dos maneras diferentes. La tormenta revela el modo en que *escucharon* y en que *actuaron*. La integridad de cada hombre se basa en la manera en que cada uno integra el hecho de *oír* y *actuar*. De estos dos elementos, actuar es esencial. Después de todo, ambos individuos oyeron el mismo mensaje, pero los sufrimientos desenmascararon la calidad de la respuesta que dieron.

Jesús está acabando el más grande sermón que jamás predicaría, el Sermón del Monte. Esta culminación del sermón es el llamado final a la acción para los hombres. Es el reto que se nos debe plantear. ¿Cómo y dónde estás edificando? ¿Estás oyendo y actuando, o estás oyendo sin hacer nada? Aunque podrías tratar de mantener las apariencias delante de las personas, fingir solo funcionará durante un tiempo; finalmente habrá una tormenta, y esta probará el modo en que has priorizado tu vida y expondrá quién eres de verdad.

Las tormentas de la vida revelan si has oído y actuado. Cada hombre solo puede fingir por algún tiempo antes que su integridad se exponga.

Jesús quiere que los hombres en todas partes comprendan que actuar de acuerdo con lo que le hemos oído decir es el elemento clave para una vida de integridad profunda, una que resistirá la prueba de cualquier tormenta. ¿Y quién no desea disfrutar una vida así?

Hay demasiada información: ¿Cómo oigo y actúo?

El acceso instantáneo a una información casi ilimitada ha mejorado nuestras vidas en muchas formas. Podemos comunicarnos casi con cualquier persona, en cualquier lugar y en cualquier momento; podemos enviar anuncios a una audiencia más relevante; el aprendizaje es más rápido y el almacenamiento de datos es mayor. En muchos casos, las mejoras en tecnología y el mayor acceso a la información son algo útil, hasta que quieres hacer algo elegantemente sencillo. Entonces un montón de información no es útil.

Por ejemplo, ahora tenemos acceso a cantidades excesivas de enseñanza cristiana. Podemos transmitir sermones. Podemos educarnos en línea. Podemos buscar casi cualquier tema teológico, apologético o denominacional utilizando un motor de búsqueda. Pero más información en este caso no siempre es mejor. La sobrecarga de información complica el proceso de aprendizaje. A veces los hombres necesitan algo que sea sencillo, repetible y memorable.

Necesitamos un plan de crecimiento que no sea complicado, un lenguaje que cualquiera pueda entender. Y, por el amor de Dios, ¡que alguien nos diga, por favor, de parte de Dios mismo, cómo oír y actuar! Quiero escuchar de mi pastor, de educadores y de medios de transmisión en línea, pero mi mayor necesidad es escuchar de Dios y comunicarme con Él.

Los hombres necesitan aprender a escuchar directamente a Dios para saber cómo actuar.

En los próximos capítulos clarificaremos cómo hacer esto. Aprenderemos a integrar lo que Jesús *dice* con lo que *quiere que hagamos*, utilizando cinco actividades sencillas, las cuales analizaremos y desarrollaremos de manera práctica en los capítulos siguientes, de tal modo que puedas usarlas con regularidad. El objetivo es que tales actividades sean sencillas y comprensibles para hombres de cualquier edad. Si eres joven, podrás aprovechar estos fundamentos durante el resto de tu vida. Si eres mayor y tienes experiencia con estos fundamentos, considera cómo practicarlos en niveles crecientes de receptividad. Cualquiera que sea tu edad o nivel de madurez espiritual, estas disciplinas son lo que los varones deben usar como actividades fundamentales que motiven su crecimiento espiritual.

Estos fundamentos revelan dos aspectos de nuestras vidas, el *privado* y el *público*. Las dos primeras actividades, oración y lectura bíblica, se realizan a menudo en privado. Pero no son exclusivamente privadas; también pueden, y deben, hacerse en público. Estas disciplinas nos permiten escuchar a Dios, por lo que debemos asegurarnos de tener un entendimiento pleno de cómo utilizar estas herramientas de manera eficaz. Las otras tres actividades son públicas: hermandad, rendición de cuentas y ministerio; estas llevan nuestras actividades privadas a la vista del público. El compromiso fiel con estas acciones es el medio por el cual vencemos la vacilación, luchamos contra la apatía, evitamos la atrofia y nos comprometemos espiritualmente a oír y actuar como hombres de Dios a fin de poder escuchar más eficazmente.

A continuación ofrecemos un bosquejo general de los próximos cinco capítulos.

Oración

Conversaciones con un Dios invisible.

La oración es una actividad fundamental. Los varones debemos aprender a incorporar rutinas de oración en los patrones diarios de nuestra vida. La oración es una actividad poco común y muchos hombres batallan por entender cómo orar. Nuestro objetivo es simplificar la disciplina de la oración y ayudarnos unos a otros a desarrollar una comprensión clara con pasos sencillos.

Lectura bíblica

Descubramos el mejor libro jamás escrito, impreso y vendido.

Los hombres quieren la verdad y la anhelan a diario. La Palabra de Dios es la revelación de la verdad, y Jesús es la representación física de la verdad. Pero no podemos conocer la verdad si no sabemos cómo pasar tiempo en la Palabra y con Jesús. No es suficiente inspirar a un hombre a aceptar la importancia de las Escrituras, y tampoco es suficiente retarlo a que las lea; debemos enseñarle *a leerlas*. Esta es una de las maneras principales en que oímos de Dios. Descubriremos un patrón sencillo para escuchar de la Palabra de Dios y actuar en consecuencia.

Hermandad

No debemos evitar la hermandad que necesitamos.

Los varones necesitamos relacionarnos con otros hombres. Pero la mayoría no desarrollan relaciones significativas con otros hombres, y esas pocas relaciones que desarrollan no tienden a tener un énfasis espiritual. Los hombres prefieren andar solos en la vida por varias razones. Pero la razón principal de que no establezcan relaciones espirituales con otros hombres es que nunca antes han experimentado una relación espiritual saludable. Al nunca haberla tenido, no tienen un panorama claro de qué perseguir o por qué deben preocuparse de buscar relaciones espirituales. Muchos hombres pueden pasar toda la vida sin siquiera experimentar el beneficio de relacionarse espiritualmente con otros hombres.

Rendición de cuentas

Los hombres cristianos pueden tener una idea errada sobre la rendición de cuentas.

La rendición de cuentas es tal vez una de las prácticas más incomprendidas en las relaciones espirituales masculinas. Creo que esto se debe a que cuando los hombres oyen la frase «rendir cuentas», en un contexto religioso, asumen de inmediato una connotación negativa. Los hombres necesitan un enfoque positivo y proactivo para comprender la rendición de cuentas antes de poder emplearla en forma positiva y eficaz.

Ministerio

Dejemos el banquillo y salgamos al campo de juego.

Todos los hombres cristianos que aceleran su crecimiento espiritual participan en alguna forma de ministerio, por lo general algo de su propia invención. Nada enciende más a los hombres que realizar la transición de ser orientados a orientar a otros. Tales hombres encuentran maneras únicas de usar sus dones, pasiones y talentos para el beneficio del reino. Esta puede parecer una tarea muy complicada, pero espero hacerla de manera sencilla y comprensible.

Dominar y practicar estos fundamentos, y no solo meditar en ellos, te ayudará a crecer y madurar de manera constante en tu vida espiritual. Recuerda que permanecer en Cristo no es una actividad pasiva. Tenemos que participar, y la manera de hacerlo es a través de disciplinas autoimpuestas. Estas cinco disciplinas tienen el potencial de acelerar el crecimiento espiritual, pero sobre todo, son herramientas para edificar una relación vibrante con el Dios del universo.

Si deseas realmente profundizar en este contenido, lee los próximos cinco capítulos junto con el **Called To Act: 35 Day Challenge** [Llamados a actuar: Reto de 35 días] (disponible, por ahora, solo en inglés). Este reto incorpora la enseñanza de cada uno de estos capítulos con pequeñas actividades diarias que puedes realizar *por tu cuenta* o con *un grupo de hombres*. Cada reto se puede realizar en cinco minutos o menos cada día, y cada uno tiene su propia página web completa con un archivo de audio y un muro de comentarios donde puedes responder a las actividades y dejar comentarios e inquietudes para el grupo. Si quieres unirte al reto, ve a esta página de mi sitio web:

WWW.BERESOLUTE.ORG/CALLED-TO-ACT

Si estás listo, emprendamos juntos un viaje de crecimiento.

8

Oración

Hablamos de algunas de nuestras experiencias, enfocándonos, pasando tiempo juntos y discutiendo nuestras obligaciones. No se trata necesariamente de quién tiene más talento, sino de que el equipo se mantenga unido y ejecutar de mejor manera sus fundamentos.

TONY DUNGY

Hay fundamentos de cada concepto debajo del sol: fundamentos de fútbol, fundamentos de construcción de casas, fundamentos de liderazgo empresarial y fundamentos de cómo ser hombres de Dios. La oración es la actividad más fundamental que un hombre debe incorporar al patrón diario de su vida. De los cinco fundamentos en este libro, este no es negociable; debe hacerse a diario. Como hombre de Dios simplemente no puedes pasar sin orar.

El Centro de Investigaciones Pew informa que alrededor del 55% de los estadounidenses oran todos los días.[1] Aprecio al Centro por el gran trabajo que ha hecho durante años, pero este porcentaje me parece muy alto. Los

1. Michael Lipka, "5 Facts About Prayer", *Pew Research Center,* 4 de mayo de 2016. Extraído de www.pewresearch.org/fact-tank/2016/05/04/5-facts-about-prayer/. Consultado el 28 de enero de 2020.

hombres con quienes hablo a diario admiten que pasan temporadas sin orar: días, semanas o incluso meses. Y, sinceramente, creo que confesarnos esto unos hombres a otros es algo necesario y bueno, puesto que debemos llegar juntos al fondo del problema.

Entonces, ¿por qué no oran los hombres?

Recuerda que hay un montón de información sobre la oración. Puedes encontrar una serie de sermones en línea que cubren prácticamente todas las facetas de la oración. Existen por ahí muchas perspectivas en cuanto a esta sola actividad, y una rápida búsqueda revela una amplia muestra:

- *Por qué oramos*
- *Por qué no oramos*
- *La relación que resulta de la oración*
- *Las oraciones de Jesús*
- *Las oraciones de personajes en la Biblia*
- *La oración como adoración*
- *La oración eficaz*
- *La oración del incrédulo*
- *La oración intercesora*

Estoy seguro de que parte de esta información es útil. Quizás ahora mismo podrías sentirte inspirado a buscar uno de estos sermones y escucharlo. Pero tener información sobre la oración en sí no te lleva a una transformación. Lo accesible de esta información no ha cambiado la tendencia de nuestros hábitos de oración. De lo contrario veríamos muchas más personas orando. Entonces debemos volver a hacernos la pregunta:

¿Por qué no oran los hombres?

Si no tiene que ver con la cantidad de información que tenemos, tal vez sea un asunto motivacional. Hay gran variedad de obstáculos motivacionales para los hombres. Podría ser que tengamos una creencia superficial acerca de la oración. O quizás sea que nuestro ingenio humano aún supere nuestra necesidad de confianza espiritual. Es posible que tengamos baja, o nula, autodisciplina espiritual. Tal vez se deba a que estamos desanimados, derrotados y desconectados de Dios. Definitivamente creo que estos pueden ser factores contribuyentes.

Pero ¿cuál es la respuesta? ¿Necesitan los hombres más motivación?

En realidad, más motivación podría funcionar para un pequeño porcentaje de hombres. Algunos de nosotros nos motivamos al comprender los obstáculos particulares en nuestro camino y simplemente necesitamos ser desafiados. Algunos hombres cambian de veras cuando alguien los confronta, como un sargento de instrucción en un entrenamiento. Pero eso también se ha intentado. Y, si funcionara, más hombres estarían orando.

El problema y la respuesta

En vez de eso, creo que el problema es relativamente simple. Quizás demasiado simple, lo que nos lleva a pasar por alto la mejor respuesta. Creo que el problema es que hemos complicado demasiado la oración.

Orar es algo muy sencillo cuando lo piensas. Es tener una conversación con Dios. Y también creo con demasiada frecuencia que la información excesiva que tenemos acerca de la oración nos impide enseñar lo básico de orar. Fíjate incluso que los primeros seguidores de Jesús tenían la misma inquietud.

> *Aconteció que estaba Jesús orando en un lugar, y cuando terminó, uno de sus discípulos le dijo: Señor, enséñanos a orar, como también Juan enseñó a sus discípulos* (Lucas 11:1).

Estos hombres tenían deseos de aprender. Observaron a Jesús orando, les gustó lo que vieron y le pidieron que les enseñara. Jesús respondió haciendo una de las oraciones más conocidas del mundo: el Padrenuestro. Y si vienes de una tradición litúrgica conoces muy bien esta oración. Aunque Jesús estuvo dispuesto a proporcionar un bosquejo para la oración, no creo que deseara que esta fuera la única que hiciéramos. Es más, todo este capítulo de Lucas está lleno de enseñanzas básicas sobre la oración, y Jesús simplificó las cosas. Los hombres querían una comprensión sencilla de la oración, por lo que les proveyó una explicación, diciendo: «Puedes hablar con Dios en cualquier momento sobre cualquier asunto». Eso es todo. Lucas 11 ofrece más detalles, pero he aquí un fragmento:

> *Yo os digo: Pedid, y se os dará; buscad, y hallaréis; llamad, y se os abrirá. Porque todo aquel que pide, recibe; y el que busca, halla; y al que llama, se le abrirá. ¿Qué padre de vosotros, si su hijo le pide pan, le dará una piedra? ¿o si pescado, en lugar de pescado, le dará una serpiente? ¿O si le pide un huevo, le dará un escorpión? Pues si vosotros, siendo malos,*

sabéis dar buenas dádivas a vuestros hijos, ¿cuánto más vuestro Padre celestial dará el Espíritu Santo a los que se lo pidan? (Lucas 11:9-13).

Me encanta que Jesús haga esto. No divide el Padrenuestro en sus distintas secciones y luego hace una exégesis (aunque muchos hacen exactamente esto). No les grita a sus discípulos en un esfuerzo por motivarlos (aunque otros hacen precisamente esto). No los avergüenza por hacer una pregunta muy sincera y buena (¡ojalá que nadie hiciera esto!). Lo único que Jesús hace es dar la respuesta más sencilla posible, diciéndoles a sus discípulos que saquen tiempo y hablen con Dios.

Y eso es lo que vamos a aprender a hacer. Simplificaremos la disciplina fundamental de la oración mientras abordamos dos asuntos centrales que todos los hombres enfrentan al comprometerse en esta actividad: primero, cómo sacar el tiempo y, segundo, de qué hablar cuando oramos.

Aspectos preliminares

Invertir a diario diez minutos, tal vez incluso dos, en la presencia de Cristo hará una gran diferencia durante el resto del día.

HENRY DRUMMOND

Vamos entonces a simplificar la oración. Hallaremos un enfoque simple que desentrañe los aspectos centrales que enfrentamos. Nuestro primer problema subyacente es que no sacamos el tiempo.

Creo que los hombres quieren disfrutar una vida de oración más plena. Sé que yo lo deseo, y estoy seguro de que no soy el único. Pero el primer paso importante no es tan solo expresar nuestra intención de cambiar, es añadir la oración a nuestra programación. Estar inspirado a orar más y expresar la intención de orar no es lo mismo que orar de veras. La acción es lo que se necesita para pasar de la intención a la implementación. Es maravilloso sentirse inspirado a orar, pero no podemos quedarnos esperando que la inspiración nos lleve a la acción, porque no lo hará. La construcción de una vida vibrante de oración requiere que la integremos en nuestra programación diaria.

La oración debe integrarse habitualmente en el patrón diario de nuestra vida.

El problema principal con cualquier disciplina y actividad fundamental son todos los demás asuntos urgentes que nos impiden orar y desarrollar un patrón de oración. A diario enfrentamos exigencias que compiten por nuestro tiempo. Es por esto que los hombres soportan largos períodos sin orar, confiando únicamente en el esfuerzo humano en lugar de confiar en Dios por medio de la oración. Quizás hacemos esto porque estos otros asuntos apremiantes ya han entrado en nuestra programación. Pero cualquiera que sea la excusa, las largas sequías sin orar pueden dejar a los hombres sintiéndose físicamente exhaustos y espiritualmente acabados. Ya que muchas otras cosas compiten con los fundamentos espirituales, debemos sacar tiempo.

Los hombres soportan largos períodos sin orar, confiando únicamente en el esfuerzo humano en lugar de confiar en Dios por medio de la oración.

A fin de sacar tiempo debemos *establecer una hora* y *una ubicación.* Esto es bastante sencillo, pero creo que los hombres necesitamos que nos lo recuerden. Creo que valoramos que nos presenten cada paso. No porque seamos lentos o estúpidos, sino porque hacer un plan es en realidad el primer paso para cambiar. La motivación no es un paso. La inspiración no es un paso. La convicción no es un paso. Determinar una hora sí lo es. Y, aunque podemos pensar que esto es trivial, es lo más importante que haremos al comprometernos con cualquier actividad básica. Debemos hallar alguna manera de incorporar la práctica de la oración en el tejido de nuestra vida diaria. Piensa en esto: si quieres mejorar tu condición física tienes que *establecer una ubicación* (quizás una buena ruta para correr o un gimnasio cercano) y *un tiempo* que se ajuste a tus demás responsabilidades (esto podría incluir programar tiempo con un entrenador). Como alguien que va al gimnasio, puedo asegurarte que no llego allí de manera natural o accidental. Si esperara que esto simplemente ocurriera, haría ejercicio con muy poca frecuencia en el mejor de los casos. Pero ese enfoque nunca conseguiría influir realmente en mi salud, o al menos no sería una influencia positiva. Solo incluyendo deliberadamente el gimnasio en mi planificación y luego asistiendo, puede hacer que mi deseo de mejorar mi salud física realmente consiga cambiar mi comportamiento y mis resultados.

> *La motivación no es un paso. La inspiración no es un paso. La convicción no es un paso. Determinar la hora y la ubicación sí es un paso, ¡siempre y cuando actúes!*

Entonces, el primer paso para todo cambio fundamental es establecer tanto una *hora* como una *ubicación*. Es bueno estar informados sobre cómo orar y estar motivados a acercarnos a Dios, pero la realidad es que el ajetreo y las distracciones ganarán. Esperar un tiempo en que todo parezca adecuado, no estar demasiado cansados ni muy distraídos y sentirnos provistos de algo por lo que tengamos ansias de orar, no es simplemente una receta para una vida vibrante de oración. De vez en cuando podemos hablar con Dios al pasar, pero no es suficiente para llegar a conocerlo de veras. Tal vez no parezca espiritualmente inspirador escribir tiempo de oración en nuestros calendarios, pero la verdad es que esta clase de planificación práctica es lo que necesitamos con el fin de cambiar nuestra vida para mejor.

¿Cómo entonces programamos orar?

De muchas pruebas y errores personales, y también de mi experiencia en guiar a otros hombres en esta tarea, he aquí lo que recomiendo:

Fijar una hora

En primer lugar, fija una hora.

Yo empezaría con una duración de cinco a diez minutos que repites a la misma hora todos los días. Aunque puedas creer que eso es muy poco, recuerda que estamos tratando de desarrollar un patrón continuo. Creo que muchos varones tratan de abarcar más de lo que pueden, y luego no perseveran cuando no pueden hacer que la duración funcione. Es mejor empezar con algo pequeño e incorporar un patrón eficaz.

Si deseas saber qué hizo Jesús, su patrón repetitivo era orar temprano en la mañana.

> *Levantándose muy de mañana, siendo aún muy oscuro, salió y se fue a un lugar desierto, y allí oraba. Y le buscó Simón, y los que con él estaban; y hallándole, le dijeron: Todos te buscan* (Marcos 1:35-37).

Esto fue común para Jesús a lo largo de su ministerio. Además, estaba demasiado atareado, tal como tú, y quizás aún más... después de todo era más popular que nosotros. Había exigencias en su programación. Las personas siempre querían más de Jesús. Pero Él programaba un tiempo para orar, y el suyo era temprano antes del amanecer. Ahora bien, su duración podría haber sido más larga de la que podrías creer que puedes manejar, pero no te preocupes por eso ahora mismo. Tú también tendrás momentos en que te pierdas en la oración y tendrás un tiempo extendido con Dios. Aprovecha tales momentos cuando se presenten, pero permanece ocupado en un patrón que puedas mantener.

A efectos prácticos, esto es lo que debes hacer. Pon una cita recurrente de cinco a diez minutos en tu calendario en línea y haz que se repita a diario y de manera indefinida. Enciende también la alerta. Si no tienes una, entonces fija una alarma diaria en tu dispositivo. Prefiero la cita del calendario porque tengo que revisarlo todos los días. Pero cuando paso por alto un tiempo programado con Dios, tengo que observarlo vergonzosamente el resto del día. A veces un poco de culpa puede ser una buena motivación.

Yo recomendaría fijar una hora temprano en la mañana, tal como Jesús hacía, pero si esto absolutamente no funciona para ti, entonces fija la hora que te resulte conveniente.

Establece una ubicación

Bueno, ahora que has *fijado una hora*, debes *establecer una ubicación.*

> *Levantándose muy de mañana, siendo aún muy oscuro, salió y se fue a un lugar desierto, y allí oraba. Y le buscó Simón, y los que con él estaban; y hallándole, le dijeron: Todos te buscan* (Marcos 1:35-37).

El tiempo de oración de Jesús era temprano; su ubicación era privada. Abandonaba la compañía de otras personas con el fin de estar en la compañía de Dios.

Mantén esto práctico: elige una ubicación conocida y apacible, sea en tu casa o en un lugar conveniente en otra parte, donde nadie te interrumpa. Después ve allá a diario, cuando te lo solicite el calendario.

Los hombres subestiman la atención que se necesita para orar. Existen muchas distracciones como personas, dispositivos, medios de comunicación y cosas por el estilo. Algunas de estas son por lo demás indispensables, pero no pueden seguirnos en ciertas actividades. Por ejemplo, cuando voy a la iglesia, me siento a la mesa, o si participo en una reunión, apago mi teléfono. ¿Por qué? Para poder concentrarme del modo que necesito durante ese tiempo. Tratar de practicar la actividad de orar con personas, aparatos y medio de comunicación cerca de nosotros nos impide tener un compromiso significativo con la experiencia.

Necesitas una ubicación y un lugar que te pertenezca, donde tú y Dios puedan interactuar sin interrupción. (No te preocupes si otras personas o responsabilidades requieren tu atención; son posibles saboteadores y pueden esperar). El ambiente de tu ubicación también es importante, pero esta parte es subjetiva. Escoge un lugar que funcione mejor para ti. Podría ser una oficina tranquila, un sendero al aire libre, el porche trasero de tu casa, o incluso un viaje tranquilo en auto de camino al trabajo cada día. Pero debe satisfacer tus necesidades y ser un lugar silencioso con pocas distracciones para que puedas hablar con Dios sin interrupciones constantes.

El método O.P.C.A.

La verdadera oración se mide por peso, no por longitud. Un simple gemido delante de Dios puede ser una oración más plena que una hermosa oración muy larga.

CHARLES SPURGEON

El segundo aspecto central que enfrentamos es saber de qué hablar cuando oramos. En otras palabras, ¿qué hacer realmente al llegar a esta hora programada?

Hay un montón de preguntas que surgen en este momento y que a muchos hombres les avergüenza hacer, y por una buena razón. La oración puede ser complicada. Nos dicen que le hablemos a alguien a quien no hemos visto, alguien que no está visiblemente delante de nosotros. Parece como hablar con nosotros mismos. Y en realidad podrías terminar haciéndote un montón de preguntas interesantes.

- *¿Qué debo decir?*
- *¿Qué no debo decir?*
- *¿Puedo enfadarme cuando hablo, o tengo que esperar hasta tener mis emociones bajo control?*
- *¿A qué persona debo orar: Dios Padre, Jesús o el Espíritu Santo?*

- *¿No quiere Dios que le hable de ciertos temas?*
- *¿Hay alguna manera de comenzar y terminar?*
- *¿Qué pasa si se me olvida decir algo?*
- *¿Cuál debe ser mi posición física?*
- *¿Tengo que cerrar los ojos, o puedo orar con los ojos abiertos?*
- *He visto orar a otras personas que parecen tener mucho que decir. ¿Qué tal si no sé qué decir?*

Yo mismo me he hecho todas esas preguntas; sin embargo, la mayor parte del tiempo nos preocupa preguntar por miedo a parecer incompetentes o sentirnos estúpidos. Pero las preguntas son válidas. Suelo decir a los hombres que empiecen con este acrónimo de cuatro partes: O.P.C.A. (Orar, Pedir, Confesar, Agradecer).

Orar en voz alta

> *Yendo un poco adelante,* [Jesús] *se postró sobre su rostro, orando y diciendo: Padre mío, si es posible, pase de mí esta copa; pero no sea como yo quiero, sino como tú* (Mateo 26:39).

Creo que Jesús tenía un doble motivo cuando oraba. Aunque le interesaba de verdad relacionarse con el Padre, también deseaba enseñar a sus seguidores permitiéndoles ver su ejemplo. Es posible que muchas personas pasen por alto este detalle, pero observa lo que sucede en el versículo anterior (y en muchos otros lugares en los evangelios). Mateo, el autor, describe a Jesús orando en el huerto. Sí, Mateo nos ofrece los detalles visuales: Jesús se ha postrado sobre su rostro. Pero fíjate en el otro detalle sensorial: Mateo relata que Jesús oraba. Lo cual significa que Mateo podía *oír* a Jesús orando. ¿Por qué? Porque Jesús *oraba en voz alta.*

Este es el primer principio: *orar en voz alta.*

Creo que muchos hombres fallan en su tiempo programado de oración porque oran exclusivamente en sus mentes o en sus corazones. Si Jesús hubiera hecho esto, nadie hubiera podido escribir algo de lo que oraba. Gracias a Dios, Jesús estuvo dispuesto a ejemplificar su vida de oración para sus discípulos, y para nosotros. Sus acciones demostraron cómo *se ve* y *cómo suena* orar. No lo hizo para montar un espectáculo; Él sabía que una actividad abstracta como la oración se entiende mejor escuchando a otras personas, y por tanto permitió que sus hombres escucharan y aprendieran.

En mi vida he descubierto que cuando oro en voz alta me enfoco mucho más. Tengo que formar frases, ideas y pensamientos completos, y permanezco más tiempo en oración. Si no quieres orar en voz alta, también es muy eficaz llevar un diario de oración, porque esto requiere que te expreses de modo coherente de la misma manera. Pero incluso si decides escribir tus oraciones en un diario, hablar en voz alta en un tiempo de oración es muy útil. Necesité algún tiempo para acostumbrarme, y admito que mi esposa y mis hijos me han interrumpido incómodamente, pero estoy seguro de que ellos son mejores por haberme visto mientras hablaba con Dios.

Cuando los hombres oran en voz alta, están más concentrados y se obligan a formar pensamientos completos.

Observa la relación que Moisés tenía con Dios:

Hablaba Jehová a Moisés cara a cara, como habla cualquiera a su compañero (Éxodo 33:11).

Me encanta esta corta frase explicativa en el libro del Éxodo en el Antiguo Testamento. Capta lo que creo que Dios desea tener con todo hombre: una relación de conversación real. Así que empieza a hablarle a Dios en voz alta. Si tu sitio de oración desalienta esa práctica, busca un lugar mejor.

Pedir a Dios

Por tanto, os digo que todo lo que pidiereis orando, creed que lo recibiréis, y os vendrá (Marcos 11:24).

Y todo lo que pidiereis en oración, creyendo, lo recibiréis (Mateo 21:22).

Si permanecéis en mí, y mis palabras permanecen en vosotros, pedid todo lo que queréis, y os será hecho (Juan 15:7).

Todo lo que pidiereis al Padre en mi nombre, lo haré, para que el Padre sea glorificado en el Hijo (Juan 14:13).

Pedid, y se os dará; buscad, y hallaréis; llamad, y se os abrirá (Mateo 7:7).

Jesús tenía mucho que decir acerca de las peticiones de oración. Asegúrate de haber leído todas sus enseñanzas en los versículos anteriores. Parecen casi absurdas al agruparlas de este modo. Es como si Jesús nos desafiara a pedir y ver el beneficio.

En nuestro tiempo de oración debemos sentirnos libres para pedir, para ser sinceros con Dios sobre lo que deseamos saber y recibir. Pasa menos tiempo preocupándote por qué pedir y más tiempo simplemente pidiendo. A menudo me sorprendo durante el día pensando en cosas por las que debería orar en lugar de tomar realmente el tiempo para orar por ellas, y luego me olvido hacerlo más tarde.

Pasa menos tiempo preocupándote por qué pedirle a Dios, y solo pide. Jesús reta a los hombres a pedir.

Sugiero empezar haciéndole a Dios una sola petición y luego invertir varios días en esta única solicitud. Podrías incluso mantener en tu diario una lista de lo que estás pidiendo y la razón de hacerlo, o podrías mostrar la lista a alguien de tu confianza. Cuando ores, *observa*: con el tiempo Él responderá estas oraciones en muchas formas únicas e interesantes.

Si te resulta difícil encontrar temas de oración, considera un tema en una de estas cinco categorías: *fe, familia, finanzas, salud y amistades*. No elijas uno en todas las cinco categorías; rápidamente se volvería algo abrumador. Cuando empieces a orar céntrate en un tema. Este es un gran lugar para empezar cuando tratas de identificar los aspectos más serios de tu vida.

Confesar a Dios

> *Confesaos vuestras ofensas unos a otros, y orad unos por otros, para que seáis sanados. La oración eficaz del justo puede mucho* (Santiago 5:16).

Confesión no es una palabra que utilicemos mucho, pero su significado es relativamente simple. Su significado literal en el contexto de la oración es «*estar de acuerdo con Dios*». Por tanto, cuando confesamos durante un tiempo de oración estamos *poniéndonos de acuerdo con Dios* sobre lo que Él ya sabe. Este es un lugar en oración donde entran en juego nuestra sinceridad, franqueza y transparencia.

La relación más sincera, franca y transparente que tendremos alguna vez es la que disfrutamos con Dios. Él es un Padre que lo sabe todo y, puesto que es así, no hay necesidad de ocultarnos de Él. Debemos hablarle de las cosas que ya sabe y que a menudo solo quiere que reconozcamos con sinceridad.

Volvamos una vez más a la situación en Génesis 3, donde Dios buscaba que Adán fuera sincero, franco y transparente con Él respecto al pecado humano. Durante el diálogo (de nuevo, observa que es *en voz alta*), Dios interroga al hombre y este responde:

> *Y oyeron la voz de Jehová Dios que se paseaba en el huerto, al aire del día; y el hombre y su mujer se escondieron de la presencia de Jehová Dios entre los árboles del huerto. Mas Jehová Dios llamó al hombre, y le dijo: ¿Dónde estás tú? Y él respondió: Oí tu voz en el huerto, y tuve miedo, porque estaba desnudo; y me escondí. Y Dios le dijo: ¿Quién te enseñó que estabas desnudo? ¿Has comido del árbol de que yo te mandé no comieses? Y el hombre respondió: La mujer que me diste por compañera me dio del árbol, y yo comí* (Génesis 3:8-12).

Me parece ridículo que el hombre responda de este modo. Culpa a la mujer, una forma indirecta de culpar a Dios, en lugar de confesar su fracaso. Sin embargo, Dios le había dado la oportunidad de ser sincero, franco y transparente y confesar lo que había hecho. Dios lo desafiaba a *ir allá*, pero en vez de eso Adán se escondió.

En realidad, no hay necesidad de esconderse de Dios. De todos modos, Él lo sabe todo. Y las mejores conversaciones que he tenido con Dios son los momentos de confesión. Están llenos de emoción y son los momentos en que me siento libre en mi relación con Él. Las oraciones más audaces de un hombre son momentos de limpieza mediante su confesión a Dios. Toma este ejemplo de David después de su aventura adúltera con Betsabé:

> *Mientras callé, se envejecieron mis huesos en mi gemir todo el día. Porque de día y de noche se agravó sobre mí tu mano; se volvió mi verdor en sequedades de verano. Mi pecado te declaré, y no encubrí mi iniquidad. Dije: Confesaré mis transgresiones a Jehová; y tú perdonaste la maldad de mi pecado* (Salmos 32:3-5).

Cada vez que leo estas palabras recuerdo dos aspectos. Primero, que David las pronunció *en voz alta* y las convirtió en un *cántico público*. Segundo, que todo hombre sincero, franco y transparente que está dispuesto a confesar muestra una relación de confianza íntima con Dios y con los demás.

Las oraciones más audaces de un hombre son sus momentos de limpieza en confesión a Dios.

Si estás buscando algo para confesar y no estás seguro de qué participarle a Dios, considera de nuevo una, no todas, de aquellas categorías: *fe*, *familia*, *finanzas*, *salud* y *amistades*. Simplemente haz esto: reflexiona en las últimas veinticuatro horas y busca un momento en que pudiste haber ocasionado daño a alguien o algo en una de estas categorías. Luego sé específico con Dios en cuanto a lo que hiciste, lo que debiste haber hecho y lo que te gustaría hacer mejor en el futuro. Al abordar equivocaciones específicas, y no pecados generales, he descubierto que tengo mucho que hablar con Dios al respecto. Seamos sinceros, todos nos equivocamos con frecuencia en algunos aspectos. Además, Dios ya conoce nuestras equivocaciones; la confesión simplemente intensifica nuestra conciencia de cómo debemos realinearnos con Él.

Agradecer a Dios

> *Dedíquense a la oración: perseveren en ella con agradecimiento* (Colosenses 4:2, NVI).

Debemos decirle a Dios: «*Gracias*».

A menudo dedico oraciones enteras a agradecerle a Dios. Debo tomar esta decisión en forma deliberada porque con frecuencia me pierdo en mí mismo durante el tiempo de oración, pidiendo a Dios solamente lo que quiero y necesito. Pero Él merece que le *agradezcamos* y lo alabemos por lo que ha hecho. A Dios le gusta nuestra alabanza y, aunque no la necesita, esto no significa que no debamos dársela.

En la Biblia hay una historia que aborda directamente este asunto. He aquí su relato:

> *Yendo Jesús a Jerusalén, pasaba entre Samaria y Galilea. Y al entrar en una aldea, le salieron al encuentro diez hombres leprosos, los cuales se pararon de lejos y alzaron la voz, diciendo: ¡Jesús, Maestro, ten misericordia de nosotros! Cuando él los vio, les dijo: Id, mostraos a los sacerdotes.*

> *Y aconteció que mientras iban, fueron limpiados. Entonces uno de ellos, viendo que había sido sanado, volvió, glorificando a Dios a gran voz, y se postró rostro en tierra a sus pies, dándole gracias; y este era samaritano. Respondiendo Jesús, dijo: ¿No son diez los que fueron limpiados? Y los nueve, ¿dónde están? ¿No hubo quien volviese y diese gloria a Dios sino este extranjero? Y le dijo: Levántate, vete; tu fe te ha salvado* (Lucas 17:11-19).

Este es un ejemplo casi perfecto de agradecimiento. Frecuente e incesantemente, Dios es generoso con el ser humano, pero pocos (en este caso únicamente un pequeño porcentaje) sacan tiempo para agradecerle. Y aunque en esta situación Jesús no es sustentado por nuestra gratitud, quiere que agradezcamos principalmente para nuestro beneficio.

Parte de orar es agradecer a Dios, de esta manera nuestra mente se refresque, nuestro corazón se someta y nuestra alma encuentre sustento en Dios. Se trata de la parte de la conversación en que celebramos con Dios, no porque Él lo necesite, sino porque nosotros necesitamos hacerlo. Esto nos mantiene en fiel sumisión a Dios.

Los hombres debemos agradecer a Dios, no porque Él lo necesite sino porque debemos refrescar la mente y reconocer la obra que Él hace diariamente en nuestras vidas.

Nuevamente, si te resulta difícil encontrar un tema, busca en estas cinco categorías: *fe*, *familia*, *finanzas*, *salud* y *amistades*. Encuentra algo en tu vida en qué enfocarte de verdad y luego agradécele a Dios por eso.

Ahora ponlo todo junto

Cada una de estas cuatro partes que hemos presentado ayuda a equilibrar nuestro tiempo de conversación con Dios. Te llevará tiempo organizar todas estas partes, pero cada una de ellas debería ayudarte a incorporar un vibrante y equilibrado tiempo de oración. Si no incluyes los cuatro elementos cada vez que oras, no hay problema; a veces lo único que debes hacer es *pedir* o *confesar* o expresar *gratitud*, pero cada uno debería formar parte, en alguna manera, de la vida regular de oración. Usa el acrónimo O.P.C.A. para ayudarte a organizar el tiempo, pero más que nada, recuerda simplemente hablar en voz alta con Dios. No hay ninguna actividad más vital en la vida de un hombre que el tiempo que invierte con Dios en oración. Estos serán momentos privados y poderosos.

A medida que perseveras llegarás a darte cuenta de que tu conversación al orar es continua a lo largo del día. Se desarrollará en tu corazón, conformará tu manera de pensar, informará tu acción y te despertará a las cosas de Dios. Una vez que te sientas cómodo con tu ritmo diario, descubrirás que más de tu día adoptará una *actitud de oración*, en lugar de utilizar simplemente un método de oración. Esto capta lo que creo que Pablo quiso transmitir aquí:

> *Estad siempre gozosos. Orad sin cesar. Dad gracias en todo, porque esta es la voluntad de Dios para con vosotros en Cristo Jesús* (1 Tesalonicenses 5:16-18).

Por medio de una disciplina fiel descubrirás esta clase de continuidad en la oración, pero puedes comenzar con los hábitos sencillos sugeridos, y luego intensificar durante la marcha. Lo conseguirás; solo dale tiempo para que se convierta en algo habitual. Y recuerda siempre que la oración es solo un medio para un fin, siendo el fin una vibrante relación con Cristo.

> La oración hace piadoso a un hombre y pone en él la mente de Cristo, una mente de humildad, de entrega, de servicio, de compasión y de oración. Si realmente oramos, nos volveremos más como Dios, o de lo contrario dejaremos de orar.
>
> **E. M. BOUNDS**

Preguntas de reflexión y debate

1. ¿Con qué frecuencia oras?
2. ¿Qué obstáculos te impiden invertir tiempo en oración?
3. ¿Qué dices en una oración típica?
4. ¿Cómo crees que tu vida sería diferente con oración constante?

Llamado a la acción

Los pasos siguientes son tu llamado a la acción en el área de oración. Toma algunos minutos para determinar tu hora y ubicación, y luego practica la disciplina de oración por tu cuenta o con otro hombre.

1. Aspectos preliminares

- **Fija una hora**: *Empieza orando entre 5-10 minutos y establece una cita periódica en el calendario. ¿Cuál es tu hora más conveniente?*
- **Establece una ubicación:** *Encuentra un lugar tranquilo y solitario al que puedas ir a orar. ¿Cuál es tu mejor ubicación?*

2. El método O.P.C.A.

- **Ora en voz alta:** *Literalmente habla en voz alta, no en tu mente.*
- **Pide:** *Haz una lista de 1-3 cosas que quieras pedirle a Dios. ¿Qué hay en tu lista?*
- **Confiesa:** *Ponte de acuerdo con Dios y sé sincero, franco y transparente con Él. ¿Qué debes confesar?*
- **Agradece:** *Haz una lista de 3-5 cosas por las cuales agradecer a Dios en tu vida. ¿Qué hay en tu lista?*
- *Usa las categorías según sea necesario: fe, familia, finanzas, salud y amistades.*

Recuerda: si buscas ayuda para hacer esto a diario, únete al **Reto de 35 días** (solamente en inglés) en línea en **www.beresolute.org/called-to-act.**

9

Lectura bíblica

No son esas partes de la Biblia que no entiendo las que me molestan, sino las partes que sí comprendo.

MARK TWAIN

Siempre estamos buscando una experiencia memorable y transformadora de vida. Los hombres hacemos fila para ver una película de gran éxito, oír a un músico de renombre, ver una extraordinaria obra teatral, experimentar una nueva y emocionante atracción o asistir a un importante evento deportivo. Además, pagamos la tarifa del estacionamiento y compramos algunas de las concesiones seriamente sobrevaloradas en el acontecimiento. Es parte de la experiencia.

Sin embargo, los hombres tenemos dificultades para leer la Biblia. Lo intentamos. Algunos lo intentan muchas veces. Pero a menudo nos sentimos abrumados en el intento. Podríamos comprar una Biblia, o dos o tres, y se amontonarían en el estante. Según la American Bible Society, en casi nueve de cada diez hogares hay una Biblia, y el promedio de hogares tiene tres, pero solo el 37% de las personas la leen una vez por semana o más. Una investigación del Grupo Barna informa que la gente no lee la Biblia por varias razones, pero las dos más importantes son que no tienen suficiente tiempo o que les cuesta relacionarse con el lenguaje.

Sin embargo, este libro que acumula polvo contiene las historias más grandiosas jamás contadas. La Biblia está llena de amor, guerra, nacimiento y muerte. Nos revela una antigua cultura, rica en poesía, historia, filosofía y ciencia. La Biblia combina misterio, romance, suspenso, emoción, acción y aventura, e incluso tiene un libro con una fuerte advertencia para padres debido a su explícito contenido sexual.

La Biblia tiene cosas que decir sobre el dinero. Tiene cosas que decir sobre algunas de las controversias más candentes de nuestro tiempo. La política, el gobierno y la iglesia; la Biblia profundiza en temas de conversación que evitas en tu mesa en Acción de Gracias. Está colmada de cientos de profecías que se cumplieron. Está llena de ideas científicas que personas muy inteligentes aún están descubriendo. Describe muchas piezas arqueológicas que todavía intentan descubrir y muchas de las que ya tenemos. En 1455, la Biblia se convirtió en el primer libro impreso en imprenta, y hoy día sigue siendo el libro más vendido y más distribuido de todos los tiempos, con un estimado de cinco mil millones de ejemplares vendidos. Se están produciendo nuevos ejemplares en un volumen de más o menos cien millones cada año. Para poner estos números en perspectiva, el segundo libro más vendido de todos los tiempos es *Historia de dos ciudades*, de Charles Dickens, con un total de doscientos millones de ejemplares vendidos y distribuidos.

Está claro que vale la pena leer la Biblia solo por su valor cultural. Y por supuesto que es mucho más valiosa que eso. Todos entendemos la importancia de la Biblia, y todos queremos poder leer y comprender las Escrituras. Pero lo que he aprendido es que la Biblia parece demasiado complicada para los hombres. Y cuando algo se vuelve complicado para un hombre, rompe el compromiso. Pero no podemos darnos el lujo de responder de esta manera, porque leer la Biblia es el modo en que oímos a Dios y aprendemos a actuar como hombres.

Cuando de la Biblia se trata, muchos de nosotros tenemos miedo de admitir que no sabemos qué hacer. El primer paso nos deja perplejos y nos estancamos. Somos como el hombre perdido que no sabe a dónde ir; sin embargo, no nos detenemos a pedir instrucciones. Y no lo hacemos por autosuficiencia y vergüenza. Los hombres somos exageradamente autosuficientes, creemos que podemos arreglárnoslas por nuestra cuenta; en algunos casos nos avergüenza demasiado admitir que necesitamos guía, y por tanto no pedimos ayuda. Por consiguiente, este capítulo está dedicado a esa actividad para la que no buscamos guía. Desentrañemos la respuesta a nuestra pregunta no formulada: *¿Cómo leo las Escrituras?*

¿Qué hay de complicado en las Escrituras?

Bueno, casi todo lo es. La mayoría de los hombres no están dispuestos a admitir esto, porque no queremos parecer ignorantes ni ser ofensivos, pero todo acerca de las Escrituras es complicado. He aquí las principales preguntas que hombres de casi toda edad física o espiritual me han hecho cuando tienen la Biblia en sus manos.

¿Qué versión elijo?

A lo largo de mi vida he llevado a centenares de hombres a Cristo. Y una de las primeras cosas que yo solía hacer cuando teníamos librerías (¿las recuerdas?) era acompañar a un varón a la sección de religión y ayudarle a escoger su primera Biblia. Este es un proceso complicado. No puedes simplemente elegir un ejemplar y seguir adelante porque, dependiendo de la librería, hay muchas alternativas. Es abrumador. Decenas de versiones de un mismo libro. Quién lo diría, ¿verdad?

Encontrarás Biblias de estudio, Biblias arqueológicas, Biblias devocionales, Biblias para hombres, Biblias para adolescentes, e incluso Biblias «en el lenguaje actual». Entonces te das cuenta de que estas representan muchas traducciones diferentes de las Escrituras, a menudo indicadas por sus abreviaturas: Nueva Versión Internacional (NVI); Reina-Valera de 1960 (RVR-60); Nueva Biblia de las Américas (NBLA), etc. Y hay docenas de estas versiones.

¿Qué pasa entonces con esto? He aquí la verdad.

Las Escrituras se escribieron originalmente en dos idiomas principales. La primera parte de la Biblia fue escrita en lenguaje hebreo (y unas pocas partes en arameo), y el griego se utilizó en la segunda parte. Grupos de eruditos del lenguaje han formado equipos y tradujeron la Biblia de sus idiomas originales a otros idiomas (como el español) para darle una comprensión más moderna. Por supuesto, esto se ha hecho muchas veces, principalmente por tres razones recurrentes.

- *El idioma siempre está en evolución.*
- *Siempre se están haciendo descubrimientos.*
- *Diferentes eruditos tienen distintos enfoques de la traducción.*

Por ejemplo, «selfie» nunca fue una palabra en ningún momento de la historia, pero entonces algunos adolescentes se tomaron una foto de sí mismos y, listo, tenemos una palabra nueva. O descubrimos algo como los Rollos del Mar Muerto y ahora tenemos evidencia adicional que lleva a traducciones más exactas. Pero quiero enfocarme en particular en la última razón, ya que es muy importante.

Al traducir, cada equipo de eruditos que trabaja en conjunto tiene que tomar una decisión sobre cómo van a traducir las Escrituras. Podemos reducir sus opciones a estos tres enfoques:

- *Palabra por palabra (generalmente se traduce vocablo por vocablo)*
- *Pensamiento por pensamiento (generalmente se traduce por frases o ideas)*
- *Paráfrasis (generalmente se traduce párrafo por párrafo)*

Hay palabras más técnicas que los eruditos utilizan para estos conceptos, pero este es un análisis equitativo. Con esto en mente ahora puedes categorizar todas esas abreviaturas en estas tres categorías.

Todas las traducciones palabra por palabra como la Reina-Valera de 1960 y la Nueva Biblia de las Américas siguen este formato literal. Los equipos de traducción intentan basarse hasta donde sea posible en el texto original, dejando el trabajo de interpretación al lector. A algunas personas les gusta este enfoque porque prefieren estudiar por sí mismas y descubrir el sentido y el significado original. El inconveniente es que a veces puede resultar incómodo de leer. A fin de beneficiarte de estas traducciones, lo ideal es tener habilidad para interpretar o encontrar respuestas históricas.

Las traducciones de pensamiento por pensamiento como la Nueva Versión Internacional y la Nueva Traducción Viviente siguen un formato más fácil de leer. Los equipos de traducción intentan seguir un formato que transmita significado para la actualidad que tenga una alta comprensión. Esto significa que deberás confiar un poco más en el equipo de traducción porque hacen parte de la interpretación por ti. Pero no tendrás que esforzarte mucho para entender lo que estás leyendo.

Las traducciones de paráfrasis son pocas. Son solo eso: una simple paráfrasis. La más popular es *The Message*, que fue escrita en inglés no por un equipo sino por un solo autor, Eugene Peterson. Su escritura es poética y Eugene se toma mucha libertad en su interpretación. Dada la interpretación subjetiva implicada por parte del autor, yo no recomendaría usar una paráfrasis para estudio personal. También vale la pena observar que las traducciones tipo paráfrasis son menos populares en general, por lo que en un entorno grupal puede parecer fuera de lugar el uso de estas Biblias.

¿Por dónde empiezo a leer?

Esta es otra pregunta justa y sincera. Cuando leemos un libro, lo típico es que comencemos por el principio. Pero la Biblia no es un libro cualquiera, ya que tiene muchos tipos diferentes de literatura. Contiene romance (Cantar de los Cantares), historia (Génesis), ley religiosa (Levítico), conquista (Josué), drama (Job), profecía (Isaías), sabiduría (Proverbios), cánticos (Salmos), cartas (Romanos), catástrofe (Apocalipsis) y libros que contienen la vida y el ministerio de Jesús (los «Evangelios»: Mateo, Marcos, Lucas y Juan). Dada esta gran variedad de material, *no* tenemos que comenzar por el principio. Podemos pensar en la Biblia más como una biblioteca. Empieza a leer por donde quieras, seleccionando un libro que tenga una clase de literatura que te parezca emocionante.

Un gran lugar para empezar es uno de los cuatro evangelios. Evangelio es una palabra en español antiguo que significa *buenas nuevas*. Los cuatro libros de las buenas nuevas son Mateo, Marcos, Lucas y Juan; estos describen la vida y el ministerio de Jesucristo. Cada uno de estos libros fue escrito por un autor diferente en un tiempo diferente, lo que nos ayuda a ver la vida y el ministerio de Jesús desde perspectivas distintas.

Después de leer uno, o los cuatro Evangelios, yo diría que cualquier parte de la Biblia es una buena opción. La clave es comenzar a leer y *seguir* leyendo.

¿Qué pasa con la estructura?

Esta es otra gran pregunta que me hacen, por lo que doy una respuesta sencilla.

Piensa en la Biblia como un gran libro de historia con una biblioteca de obras en su interior. Tuvo cuarenta autores diferentes y se escribió en un período aproximado de dos mil años. La Biblia tiene dos secciones principales, el Antiguo y el Nuevo Testamento. No te obsesiones con la palabra Testamento, que simplemente significa «un pacto hecho entre Dios y el hombre». Podrías pensar en primera y segunda parte. Ahora bien, al oír la palabra «antiguo», algunas personas suponen que significa «ya no es válido», que sería una evaluación incorrecta del Antiguo Testamento. La Biblia es una historia completa, y los temas que trata siguen siendo válidos hoy día.

El Antiguo Testamento es la Biblia hebrea original. La adición del Nuevo

Testamento vino después que Jesús vivió, murió y resucitó. Esto completó la historia sobre el Mesías que fue profetizada en el Antiguo Testamento. Gracias a esas profecías, toda la Biblia nos narra una historia del amor de Dios y de la redención de la humanidad por medio de su Hijo Jesucristo. La vida de Jesús es la metanarración principal que une a las Escrituras. Cada historia, cada momento y cada tensión culmina en la vida, muerte y resurrección de Jesucristo.

Para entenderlo mejor, así es como los sesenta y seis libros de la Biblia se pueden categorizar:

El Antiguo Testamento: (39 libros)

- *Ley:* Génesis, Éxodo, Levítico, Números, Deuteronomio
- *Historia:* Josué, Jueces, Rut, 1 y 2 Samuel, 1 y 2 Reyes, 1 y 2 Crónicas, Esdras, Nehemías, Ester
- *Poesía/sabiduría:* Job, Salmos, Proverbios, Eclesiastés, Cantar de los Cantares
- *Profetas:* Isaías, Jeremías, Lamentaciones, Ezequiel, Daniel, Oseas, Joel, Amós, Abdías, Jonás, Miqueas, Nahúm, Habacuc, Sofonías, Hageo, Zacarías, Malaquías

El Nuevo Testamento: (27 libros)

- *Evangelios:* Mateo, Marcos, Lucas, Juan
- *Historia:* Hechos
- *Cartas:* Romanos, 1 y 2 Corintios, Gálatas, Efesios, Filipenses, Colosenses, 1 y 2 Tesalonicenses, 1 y 2 Timoteo, Tito, Filemón, Hebreos, Santiago, 1 y 2 Pedro, 1, 2 y 3 Juan, Judas
- *Proféticos:* Apocalipsis

Esta estructura te brinda un pequeño plano que te enseña qué libros leer e incluso cómo leerlos.

¿Por qué el idioma, las costumbres y los nombres son tan complicados de entender?

Sí, esta parte de la lectura bíblica es complicada. No olvides que se trata de un antiguo documento histórico del Cercano Oriente. Recuerda que los autores de los libros individuales escribieron a grupos diferentes de personas en lugares distintos en un tiempo lejano. Estos autores escribieron a personas de su propio tiempo y pudieron suponer que sus lectores conocerían detalles culturales específicos. Ya que no vivimos en ese tiempo ni sabemos necesariamente tales detalles, la interpretación es un reto mayor para nosotros. Y esto en gran parte complica la lectura de las Escrituras.

Nuestra imposibilidad de participar en el supuesto entendimiento de los lectores originales del estudio cultural es el problema central que debemos resolver a fin de leer con eficacia las Escrituras. Sin duda tenemos las herramientas necesarias para superar este obstáculo, pero la mayoría de los hombres hoy día luchan por leer con ese nivel de concentración. Cuando (o si) un hombre lee, la mayor parte de lo que observa se ha escrito con su contexto cultural en mente. Por lo general, el mensaje se transmite en tal manera que le resulte cómodo su acceso, lo que facilita y agiliza la rápida transición al estudio. Esto es ideal para el modo en que nos vinculamos. Nos gusta lo fácil, no porque seamos lentos o estúpidos, sino porque nos gusta entrar en acción. Desde el momento en que se nos llama a actuar, estamos listos para hacerlo. Preferimos saltarnos todos los preliminares, como leer las instrucciones, y queremos pasar de inmediato a ensamblar los columpios, el lavabo o la estantería de IKEA. Siento los mismos impulsos. Pero leer la Biblia requiere un poco más trabajo que leer un artículo deportivo o una revista popular. Y debido a esto es que los hombres se echan para atrás.

Pero quiero simplificarte esto en tal manera que te haga volver cada día por más. Debemos convertir la Biblia de ser el libro más vendido, más distribuido y *menos* leído a ser el más vendido, más distribuido y *más* leído por los hombres. ¿Por qué? Porque para ser los hombres que estamos llamados a actuar, debemos escuchar. Y la persona a quien debemos escuchar es a Dios.

El método O.R.D.C.

> Me ocupo provechosamente en leer la Biblia. Toma por medio de la razón todo lo que puedas de este libro y por fe el resto, y vivirás y morirás como un hombre mejor. Este es el mejor libro que Dios le ha dado a la humanidad.
>
> **ABRAHAM LINCOLN**

Deseo mostrarte cómo extraer algo significativo de las Escrituras cada vez que las leas, y a pesar de los pocos obstáculos creo que puedes hacerlo.

En el capítulo anterior sobre cómo desarrollar una disciplina de oración aprendiste que lo primero que debes hacer es determinar una hora y una ubicación. A fin de sacar el máximo provecho de la lectura bíblica debes hacer lo mismo: tienes que crear un espacio diario en tu calendario, y también debes seleccionar un ambiente adecuado para concentrarte en la lectura. Si tu objetivo es leer la Biblia con regularidad, establecer hora y espacio solo es la mitad de la batalla, no podrás mantenerte motivado si no comprendes lo que lees. Pero una vez que aprendas a discernir la voz de Dios en estas palabras antiguas, volverás por más.

Deseo mostrarte el método de estudio O.R.D.C. (Ora, Reconoce, Detente, Comparte), el cual se describe en los cuatro pasos siguientes. Sé que si sigues cada uno de ellos descubrirás algunos beneficios asombrosos mientras escuchas a Dios en las Escrituras.

Ora antes de leer

> *Antes que nada existiera, ya existía la Palabra, y la Palabra estaba con Dios porque aquel que es la Palabra era Dios. Él estaba con Dios en el principio… Y la Palabra se hizo hombre y habitó entre nosotros. Y hemos visto su gloria, la gloria que le pertenece al Hijo único del Padre, en el que abundan el amor y la verdad* (Juan 1:1-2, 14, NBV).

Existe una característica importante que diferencia la Biblia de todos los demás libros. Este factor por sí solo es la razón más importante para leer a diario las Escrituras. Como Juan testifica, este es un documento vivo. Las mismas palabras de Dios se convirtieron en un ser vivo en Jesucristo. El vocablo elegante para esto es *encarnado*, que significa «*con carne*». Jesús estaba con Dios y vino del cielo para ser la Palabra de Dios hecha humana. La imagen visual aquí es tanto extraña como poderosa, y transmite que la Palabra de Dios (Jesús) es la autorrevelación omnipresente y viva de Dios.

Esto es lo que hace única a la Biblia. Es revelación de Dios y acerca de Dios para que podamos conocer a Dios. Las Escrituras revelan de manera sobrenatural la verdad y el poder a quienes la leen. La Biblia no es un escrito estático como los demás libros. Al leerla estamos leyendo algo que es una revelación de la boca de un Dios eterno. Ningún otro libro hace tal afirmación. Ninguno.

Después que Jesús llega a la escena y comienza su ministerio, da testimonio de todo lo escrito y hablado en el Antiguo Testamento. Él apoya las enseñanzas de las Escrituras, brinda evidencia de su autoridad y habla en nombre de Dios. Jesús mismo dice esto:

> *Yo tengo mayor testimonio que el de Juan; porque las obras que el Padre me dio para que cumpliese, las mismas obras que yo hago, dan testimonio de mí, que el Padre me ha enviado* (Juan 5:36).

Y, finalmente, el apóstol Pablo declara esto acerca de la Biblia:

> *Toda la Escritura es inspirada por Dios y útil para enseñar, para reprender, para corregir y para instruir en la justicia, a fin de que el siervo de Dios esté enteramente capacitado para toda buena obra* (2 Timoteo 3:16-17, NVI).

Observa que Pablo llama a la Biblia *inspirada* por Dios, lo cual significa que fue *exhalada* por Dios mismo. Sí, por Él y no por el hombre. Sabemos que las Escrituras fueron escritas por hombres, pero todos los hombres, incluso los autores bíblicos, eran falibles, pecadores y caídos como tú y yo. Sin embargo, Dios les encomendó que comunicaran y escribieran su Palabra según sus instrucciones; por tanto, su Palabra es verdaderamente inspirada. La Biblia es el aliento mismo de Dios, y lleva a los hombres a lo largo de la senda de la vida a través de

- Enseñanza: *mostrándonos el camino;*
- Reprensión: *mostrándonos cuándo nos salimos del camino;*
- Corrección: *mostrándonos cómo volver al camino; e*
- Instrucción: *mostrándonos cómo permanecer en el camino.*

Puesto que este libro es un recurso increíble para la verdad y el cambio, es fundamental abordarlo con oración y reverencia. No porque adoremos a la Biblia. Hay una palabra para eso: *bibliolatría.* No: adoramos al Dios de la Biblia, cuyo mensaje inspirado tiene poder para cambiar la vida del hombre incluso hoy día, miles de años después que se escribiera por primera vez.

Animo a los hombres a orar siempre antes de leer la Biblia. Oro pidiendo que Dios te ayude a oír lo que quiere que oigas para que puedas ser el hombre que anhela que seas. Aquí es donde tienes la oportunidad de hacer algo de trabajo preliminar en las partes de tu vida que son duras, rocosas y espinosas.

El resultado preferido es el producto multiplicado, según Jesús estableció en la parábola del Sembrador, y esto requiere un enfoque reverente hacia las Escrituras y un corazón expectante. Confía en que Dios quiere cambiar tus pensamientos, acciones y motivos mediante lo que estás a punto de leer, e invítalo a hacer eso. Esta oración es el primer paso del método O.R.D.C., y debes realizarlo antes de leer una sola palabra.

Al leer las Escrituras, los hombres deben abordarlas como un documento divinamente inspirado. La Biblia es un documento vivo, no es como los demás libros. Léela como tal: con oración.

Reconoce la intención del autor

A continuación, cuando empieces a leer recuerda que debes hacerlo de forma un poco diferente. Tienes que leer con intención.

La mayoría de las personas leen la Biblia con un enfoque estrecho de solo tratar de completar el pasaje que les corresponde. Al fin y al cabo, leer las Escrituras puede parecer un trabajo, un trabajo doloroso. Es difícil porque los autores originales supusieron que sus lectores comprenderían todas sus referencias culturales y que por tanto llegarían rápidamente al uso deseado. Quizás esa fue una suposición segura en un tiempo, pero sin duda este ya no es el caso. En comparación con los primeros lectores, la Biblia requiere que nos esforcemos un poco más para descubrir su contexto completo; tenemos que sintonizar nuestra atención e intención.

Déjame decirlo de modo simple: *la Biblia no fue escrita para ti.*

Bueno, esto es un poco exagerado, pero quiero que recuerdes este punto porque es fundamental para aprender a leer las Escrituras. Permíteme decirlo otra vez con una pequeña aclaración: «La Biblia no fue escrita *para* ti, pero fue escrita *en beneficio* de ti».

La Biblia no fue escrita para ti, sino que fue escrita en beneficio de ti, por tanto, debes reconocer la intención del autor.

¿Para quién, entonces, se escribió la Biblia?

Bueno, la audiencia principal de cada libro de la Biblia es en primer lugar el grupo de personas para el que se escribió; llamemos a estos grupos respectivos la primera audiencia. Cada escritor tuvo una intención particular al escribir su libro y un receptor particular (primera audiencia) en mente para ese mensaje.

Por ejemplo, cuando leemos el Evangelio de Mateo, que es el primer libro del Nuevo Testamento, debemos comprender que Mateo puso por escrito lo que presenció, oyó y experimentó mientras hacía seguimiento a la vida, muerte y resurrección de Jesús. Dudo que se diera cuenta de que dos mil años después seguiríamos leyendo su libro. Inicialmente quería que la gente de su época —específicamente sus hermanos cristianos de herencia judía— tuvieran un expediente de pruebas acerca de Cristo, quien fue tanto hombre como Dios; Mateo se refirió al ministerio de vida del Señor como un acto divino. Este libro era evidencia para los creyentes de su época. ¿Es inspirado por Dios el Evangelio de Mateo? Por supuesto, pero se escribió desde la perspectiva de este hombre para su primera audiencia. Esto significa que es fundamental identificar la intención del autor. Al leer las Escrituras debemos utilizar nuestro equipo de detectives y buscar lo que el escritor quiso decir acerca de Dios a esa primera audiencia.

Este principio es la clave tanto para comprender lo que leemos como para encontrar una aplicación válida. Sin reconocer la intención del escritor, podríamos interpretar erróneamente lo que leemos en el texto. Pero si conocemos la intención del autor, nuestra comprensión y aplicación serán más sólidas.

Así que debemos averiguar por qué el escritor quiso escribir y qué quería que sus primeros lectores aprendieran sobre Dios. Expresemos eso como una sencilla pregunta:

¿Qué deseaba este escritor que su gente supiera acerca de Dios?

Esta única pregunta te ayudará a enfocar y captar las Escrituras de manera diferente. Te ayudará a leer con más intención, como un detective que busca la verdad.

Detente cuando sientas convicción

El próximo paso para leer la Biblia es prestar poca atención a la cantidad de lectura que haces cada vez. Creo que algunos hombres sienten que deben consumir ciertas cantidades de texto cada vez a fin de sentirse realizados o mantener un programa de lectura de alguna clase. Sinceramente, creo que es inútil preocuparse por esto; recuerda que este no es un concurso de lectura.

Debo aclarar que no hay nada malo con tratar de leer la Biblia en un año, pues es un objetivo digno; pero consumir grandes cantidades de información no siempre lleva a una transformación. Y creo que los hombres nos sentimos igualmente, si no más, realizados y exitosos al consumir pequeñas cantidades y recibir de la experiencia resultados de calidad. Esto nos mantiene regresando por más y por la razón correcta. En el Nuevo Testamento, Jesús tuvo palabras fuertes que decir a los maestros religiosos que sabían mucho sobre la enseñanza de Dios, pero muy poco acerca de implementar las enseñanzas en sus propias vidas. Así que tal vez sea el momento de que te preocupes menos por la cantidad de tu lectura y más por la calidad de tu convicción y cambio.

Esto es lo que les digo a los hombres que hagan a continuación: «Elijan un libro de la Biblia para leer y empiecen con un capítulo. Lean solo un capítulo al día. Si es necesario, léanlo varias veces, pero deténganse tan pronto se sientan personalmente tocados por algo en el texto».

Sí. Simplemente detente.

He descubierto que cada vez que leo la Biblia experimento momentos de convicción. Solía pasarlos por alto, pero entonces un día me detuve y oré. Ese momento se convirtió en una experiencia increíble entre Dios y yo. Lo que hice fue combinar naturalmente la oración con las Escrituras cuando fui impulsado por una convicción del Espíritu Santo. En ese instante descubrí algo que ningún mentor, maestro, pastor o líder en toda mi vida me había enseñado o animado a hacer. Descubrí que Dios utiliza su Palabra viva para hablarme directamente, de tal manera que esto produzca un cambio en mi vida. A lo largo de los años hasta entonces había pasado por alto estas punzadas porque me había enfocado en completar mi cuota.

Echemos un vistazo a lo que Jesús declaró acerca de la obra del Espíritu Santo:

> *Cuando él venga, convencerá al mundo de su error en cuanto al pecado, a la justicia y al juicio* (Juan 16:8, NBV).

Esto es precisamente lo que me sucedió. Por tanto, cuando doy instrucciones a hombres en cuanto a leer las Escrituras les sugiero que se detengan cuando sientan una de estas tres convicciones:

- *Una convicción sobre algo que deben* ***dejar***
- *Una convicción sobre algo que deben* ***empezar***
- *Una convicción sobre algo que deben* ***continuar***

He leído de este modo todos los libros de la Biblia, y es un ejercicio transformador de vida. El objetivo final de leer las Escrituras debe ser experimentar un cambio dentro de nuestros corazones, así como estar preparados para la obra a la que somos llamados.

Echemos un segundo vistazo al mensaje de Pablo a Timoteo con relación al propósito de la Biblia:

> *A fin de que el siervo de Dios esté enteramente capacitado para toda buena obra* (2 Timoteo 3:17, NVI).

Cambiamos y nos preparamos cuando permitimos que el Espíritu nos convenza. Se trata de una convicción, un día y una parte de las Escrituras cada la vez. En última instancia, es una convicción de que Dios es la verdad y no nosotros, que el camino de Dios es *el* camino, y que nuestro camino no siempre es *su* camino. Pero cada vez que leemos las Escrituras descubrimos pequeñas convicciones con relación a nuestros motivos, pensamientos, actitudes y acciones. La mayoría de tales convicciones serán por naturaleza reactivas, lo que significa que somos convencidos por algún tipo de pecado en el pasado reciente. Por tanto, cuando leemos a diario la Biblia damos más oportunidades para que la verdad de Dios nos convenza, para que su Espíritu obre en nosotros, y para que la verdad nos conforme. Estas convicciones diarias revelan los pasos que debemos dar para volvernos más proactivos y reflejar más perfectamente a Dios en esta vida.

La convicción nos recuerda que el camino de Dios es el camino, y que nuestro camino no siempre es su camino.

Entonces, cada vez que leo las Escrituras busco algo que me produzca convicción. Algo que Dios desea que yo enfrente en mi vida. Por lo general, después de haber orado e identificado la intención del escritor, Dios me golpea con una convicción. Me *habla* de manera directa. Principalmente experimento esto como un pensamiento aislado durante una reflexión momentánea. Se trata de un pensamiento aislado que dice algo como:

- *Me molesta este sentimiento o esta motivación, actitud o acción.*
- *Debo tratar con este sentimiento o esta motivación, actitud o acción.*
- *No estoy realizando esa acción piadosa con suficiente frecuencia.*

En ese momento por lo general dejo de leer súbitamente. Aunque de manera impulsiva quiero terminar la lectura, debo detenerme. Inmediatamente. Solo por un momento. En una hoja de papel, un diario o una nota adhesiva, escribo lo que estoy pensando. Luego pasaré algún tiempo en oración, haciendo una nueva pausa para reflexionar en lo que deseo detener, empezar o continuar.

Comparte las Escrituras con otros

Cuando algunos hombres me oyen decir: «*Comparte las Escrituras con otros*» inmediatamente se sienten abrumados. Por lo general creen que estoy pidiéndoles que memoricen un versículo y se lo reciten a otras personas (y esta es una gran idea en la que vale la pena invertir tiempo), pero no es eso a lo que me refiero. Lo que quiero decir con compartir las Escrituras es encontrar grandes conceptos en las Escrituras que estamos leyendo y luego llevarlos con nosotros a lo largo del día. Preocúpate menos por compartir las palabras exactas y más por compartir lo que has aprendido del texto.

Comparte la verdad de las Escrituras hablando a otros cada día de algo que has aprendido al leer la Palabra de Dios.

Si deseas que las Escrituras se adhieran a ti o alteren la manera en que actúas, entonces debes empezar por compartir lo que has aprendido. Enfócate en los principios y las lecciones que te llegan en esos momentos de convicción. Algunos días esto puede significar hablar del principio general; otros días tal vez signifique compartir las palabras exactas del versículo. Algunos individuos se sienten relativamente cómodos en sus casas y en el ambiente laboral, y no tienen problema para compartir los principios generales que han leído. Otros tendrán que armarse de valor. Pero vale la pena hacer el esfuerzo. ¡Ponte en acción! Podrías mencionar el principio en una reunión, compartir el pensamiento con un amigo o enviar un mensaje de texto con lo que aprendiste a alguien que te importa: una amistad, tu cónyuge o tu hijo. Cuando sabemos que vamos a compartir las Escrituras con otros, la leemos de forma diferente. Te reto hoy día a buscar algo que te llame la atención a medida que lees; algo acerca de lo cual te sientas digno de hablar que te podría conectar con las personas con quienes interactuarás.

Esta es solo una forma en que pasamos de oír a actuar basándonos en las Escrituras: primero las *declaramos* y después *las vivimos.*

Es tu turno

Así que ahora es tu turno. Empieza sumergiéndote, no solo en la oración sino también en las Escrituras. Precisamente así es como empecé a escribir un **devocional diario para hombres** (www.beresolute.org/mdd; el texto está disponible en español). Utilizo el mismo procedimiento mencionado aquí para encontrar aspectos diarios en las Escrituras dignos de compartir con otros hombres. Tal vez te ayude leer y luego simplemente observar por un tiempo cómo lo hago a fin de que agarres el ritmo. Hombres como tú leen estos pensamientos todos los días. Quizás, al igual que tú, ellos luchan cuando leen las Escrituras y solo quieren un poco de ayuda. Así que pruébalo. Cada perspectiva que publico allí es el resultado de orar, de reconocer la intención del escritor, de detenerme cuando siento convicción y de compartir el mensaje de Dios con el mundo.

> *Dijo entonces Jesús a los judíos que habían creído en él: Si vosotros permaneciereis en mi palabra, seréis verdaderamente mis discípulos; y conoceréis la verdad, y la verdad os hará libres* (Juan 8:31-32).

Preguntas de reflexión y debate

1. Aparte de la Biblia, ¿qué libro has leído durante tu vida que haya tenido una influencia perdurable en ti?
2. ¿Cuán a menudo lees actualmente la Biblia? Sé sincero.
3. ¿Cuál es el primer libro de la Biblia que recuerdas haber leído? ¿Por qué empezaste con ese libro?
4. ¿Qué tiene de desafiante leer la Biblia con regularidad?
5. ¿Qué has descubierto en tu lectura bíblica que haya dejado una impresión perdurable en tu vida?

Llamado a la acción

Los siguientes pasos son tu llamado a actuar en el área de las Escrituras. Tómate unos minutos para escoger una sección de las Escrituras y estudiarla en los próximos días o semanas. Por ejemplo, considera un libro fácil de leer en el Nuevo Testamento como el de Santiago. Escoge una sección corta (3-6 versículos) de uno de los capítulos y luego intenta usar el método O.R.D.C.

El método O.R.D.C.

- **Ora** *antes de leer. Haz un alto y ora.*
- **Reconoce** *la intención del escritor. ¿Cuál es la intención del autor en este texto?*
- **Detente** *cuando sientas convicción. ¿Qué te hizo sentir convicción en este texto?*
- **Comparte** *lo que aprendiste. ¿Qué principio puedes compartir hoy día con otros? Escríbelo.*

Si quieres ayuda usando el método O.R.D.C., considera seguir conmigo el **Reto de 35 días** (solamente disponible en inglés). Te guiaré a través de un libro de la Biblia y te ayudaré a estudiar las Escrituras durante unos días, paso a paso, usando los principios anteriores. Consúltalo en línea en www.beresolute.org/called-to-act.

10

Hermandad

Mejores son dos que uno; porque tienen mejor paga de su trabajo. Porque si cayeren, el uno levantará a su compañero; pero ¡ay del solo! que cuando cayere, no habrá segundo que lo levante.

ECLESIASTÉS 4:9-10

Puesto que los hombres adquieren libros a diferente velocidad, quiero animarte a seguir avanzando con las dos actividades anteriores en los Capítulos 8 y 9. Si estás utilizando esta obra junto con el **Reto de 35 días**, debes seguirlo a diario y leer un capítulo cada semana. Durante el reto dedicamos siete días a cada uno de estos temas con el fin de ayudarte a incorporarlos en el patrón diario de tu vida.

Si no estás siguiendo el **Reto de 35 días** y tal vez solo lees esta obra en algunas sesiones, permíteme subrayar que la práctica y la utilización regular de las dos disciplinas anteriores deben ser parte de una vivencia diaria, no de una simple experiencia de lectura. Recuerda que la información no siempre lleva a una transformación, pero el cambio de comportamiento sí lo hace. Puedes alcanzar mucho de lo que he analizado en unos cinco minutos cada día. Una vez que hayas llevado la práctica a un ritmo diario experimentarás los mayores beneficios.

Ahora vamos a hacer un cambio sutil.

Las dos actividades anteriores son aspectos que por lo general practicamos por nuestra cuenta. Muchos las llaman prácticas privadas. Pero creo que una palabra mejor para caracterizar la naturaleza de la oración y la lectura bíblica es personal. Participamos en estas disciplinas por nuestra cuenta, tal vez en privado, pero esto no siempre ocurre.

Ahora bien, las próximas tres actividades, no tengas duda, van a ser públicas. No hay forma posible de participar en privado en estas tres disciplinas siguientes. Esta en particular, la hermandad, nos ayuda a sacar en público lo que hemos sido en privado. A diferencia de las dos actividades anteriores, la hermandad puede ser algo que fomentamos solo un par de veces por semana, ya que requiere una clase diferente de esfuerzo.

Y es algo que nos va a retar a los hombres porque, nuevamente, ¡es una práctica complicada!

¿Qué tiene de complicado la hermandad?

Es muy difícil escribir de esto porque hemos desarrollado una idea muy confusa acerca de las relaciones espirituales masculinas. El solo uso de estas tres palabras combinadas presenta un obstáculo para los hombres: ¿relaciones espirituales masculinas? Es posible que ni siquiera entendamos el significado individual de estas palabras, mucho menos en conjunto. Y fíjate, por favor, que no estamos hablando de construir relaciones por el bien de la camaradería, sino para ayudarnos unos a otros a mantenernos enfocados en lo único que importa: actuar para seguir a Cristo. Estas relaciones son vitales, pero los hombres no las buscan porque son muy complicadas. Mucho de esto es incómodo al principio, pero al comprender estas cuatro dificultades siguientes y unirnos a la conversación podemos vencer las complicaciones y hacerlo juntos. Así que vamos.

He aquí cuatro dificultades cuando se trata de relaciones espirituales masculinas:

Confiar en otros hombres

> *Este es mi mandamiento: Que os améis unos a otros, como yo os he amado* (Juan 15:12).

Los hombres tenemos muchas cargas emocionales respecto a las relaciones masculinas (y femeninas). Siempre ha sido así. No hay un hombre vivo que no haya sido herido o que no tenga algún problema con otros hombres (y con mujeres) que le impida confiar. En verdad a todos nos han decepcionado padres, pastores, amigos y líderes, y debido a esto a menudo tenemos problemas en confiar en la gente. Ser invitados a tener una relación más profunda con hombres podría desencadenar nuestra necesidad de tratar estos asuntos enterrados e incluso obligarnos a reconocerlos. Estas heridas que hemos recibido pueden haber sido el resultado de chismes, agresión, falta de sinceridad, manipulación, maltrato, arrogancia o algo parecido. Entonces pensamos: ¿Para qué molestarse? ¿Por qué someternos otra vez a eso? ¿No es mejor evitarlo por completo?

Al haber sido heridos en el pasado somos renuentes a volver a confiar. Este solo es el principio de por qué las relaciones espirituales masculinas pueden ser difíciles para los hombres.

La mayoría de los hombres harán todo lo posible por no tratar con el dolor a menos que claramente salga por sí solo a la superficie. Algunos individuos participarán en hermandad espiritual por primera vez solo después que su dolor se haya vuelto insoportable y deban tratarlo; por ejemplo, podrían unirse a un grupo de apoyo para adicciones, crisis económica o divorcio. Es mucho más fácil superar nuestras heridas y nuestros complejos con las relaciones cuando otros hombres hablan del dolor común. Pero es triste que se requiera tanto dolor para descubrir todos los beneficios de las relaciones espirituales con otros hombres. Lo que necesitamos es un enfoque menos reactivo para descubrir estos beneficios. ¿Cómo podemos volvernos proactivos y buscar tales beneficios?

Necesitamos un enfoque mucho menos reactivo para descubrir la hermandad; debemos ser proactivos.

Jesús indica en el versículo anterior que el amor fraternal no solo es importante; es vital. Es esencial para nosotros y para nuestro testimonio. Sin embargo, Jesús sabe que todos tenemos problemas de confianza para amar a otros hermanos. Hasta decir esto parece incómodo. La incomodidad proviene de nuestra necesidad de ser amados, de aprender a amarnos adecuadamente, de descubrir que Dios nos amó primero, e incluso de aprender a aceptar el amor de Dios y de nuestro prójimo. Hay tantos problemas de confianza enredados dentro de un hombre que desenredarlos requiere mucho esfuerzo. Pero recuerda que estos problemas se solucionan al participar en hermandad; por tanto, no pospongas las relaciones de hermandad hasta que hayas resuelto tus problemas.

Estoy seguro de que los doce discípulos que siguieron a Jesús no siempre se amaron y confiaron unos en otros. Pero en el corto tiempo que estuvieron con Jesús permanecieron juntos, y Jesús les dio razones para confiar en Él y entre ellos. Lo único que ayudó en el proceso fue el amor, un amor masculino verdadero que estuvo dispuesto al sacrificio de un hermano por otro. Jesús ejemplificó esto durante su tiempo con sus discípulos, y quiso que hicieran lo mismo con otros. Fue un amor que transcendió heridas y complejos, y se enfocó en la misión superior que tenían a la mano.

Creencias corruptas sobre la hombría

> *Ni el ojo puede decir a la mano: No te necesito, ni tampoco la cabeza a los pies: No tengo necesidad de vosotros* (1 Corintios 12:21).

Pero hay más. El amor fraternal solo es el principio de nuestro complicado problema, porque somos hombres duros, enérgicos e independientes.

Los hombres de todo el mundo han erigido creencias y actitudes hondamente problemáticas sobre la hombría. Uno de ellos es esta filosofía radical que los hombres adoptan de manera inherente: que debemos ser duros, enérgicos e independientes. Este modelo inventado en la mente de los hombres acerca de nuestra masculinidad está arraigado en la sociedad en general. Recorre el mundo y descubrirás que el tema prevalece en todas partes.

Mensajes de hombres duros, enérgicos e independientes nos llegan en bellas palabras desde casi todos los ángulos. ¿No me crees? Abre cualquier revista para hombres. Escucha publicidad para varones. Observa cualquier película comercializada para hombres. Sintoniza cualquier cadena deportiva y observa y escucha lo que dicen y cómo actúan. Mensajes e imágenes de hombres duros, enérgicos e independientes están por todas partes, y este es el mensaje que creemos.

No obstante, ¿por qué prevalece tanto este mensaje para hombres? Porque nos lo creemos; la independencia endiosada, dura y firme se les vende a los hombres. Es todo lo que anhelamos. Es la tentación del primer pecado: queremos ser como Dios. Creo que en realidad no tiene sentido culpar a alguien más que a nosotros mismos por esto. El error no es nadie más que de nosotros. La idea de un individuo duro, enérgico e independiente vende y alimenta nuestro orgullo, no así la hermandad. El apóstol Pablo entendía esto y comunicó un claro mensaje contracultural: «No podemos declarar: "No te necesito"».

Pablo capta maravillosamente en este texto nuestra necesidad de unos por otros. Utiliza una metáfora corporal para describir una experiencia comunitaria dentro de la iglesia (o en nuestro contexto, la necesidad de hermandad espiritual masculina). Eso se debe a que cada uno de nosotros somos esenciales para que una comunidad espiritual funcione. No funcionamos de la mejor manera cuando somos independientes, separados, autónomos y solitarios, sino más bien en hermandad.

No funcionamos de la mejor manera cuando somos independientes, separados, autónomos y solitarios, sino más bien en hermandad.

En la relación espiritual descubrimos beneficios que de otro modo no tendríamos. Por ejemplo, si tienes necesidades prácticas, un hermano puede ayudarte. Si buscas consejo o ayuda durante momentos difíciles, la hermandad es el lugar. ¿Necesitas talento o habilidad que no tienes? Invita a un hermano cristiano a que te ayude, y él intervendrá. Y, lo más importante, hay una provisión espiritual directa que solo puede encontrarse en comunidad. Incluye aspectos como confesión, reconciliación y perdón que se expresan y experimentan única y exclusivamente en la relación. Sinceramente, la hermandad es el mejor sistema altruista jamás inventado; es donde encontramos todo lo que necesitamos. ¿Dónde aprendemos mejor a desactivar nuestra independencia dura y enérgica y a activar el músculo espiritual de dependencia que con otros hombres cristianos?

Me emociono mucho cuando veo grupos de hombres cristianos reunidos en cafés, iglesias y salones de conferencias en todo el mundo. Nada podría emocionarme más. Cuando los veo, pienso: *Estos son varones que batallan contra sus deseos de independencia y descubren los beneficios de la dependencia.* Pelean la buena batalla contra el estribillo del individuo independiente que declara: «No te necesito».

Velocidad de la vida

> *Considerémonos unos a otros para estimularnos al amor y a las buenas obras; no dejando de congregarnos, como algunos tienen por costumbre,*

sino exhortándonos; y tanto más, cuanto veis que aquel día se acerca (Hebreos 10:24-25).

Para algunos hombres, la velocidad de la vida es el factor agravante más significativo en la búsqueda de experiencias de hermandad. Nos movemos demasiado rápido. Y lo sabemos. En realidad, la velocidad de la vida se les puede ir de las manos a hombres de todas las edades, desde adolescentes en la escuela secundaria hasta hombres jubilados. A veces todo el mundo está demasiado ocupado. Pero nuestro ajetreo es una decisión. Tomamos la decisión de estar demasiado ocupados porque preferimos invertir nuestra energía y nuestro tiempo en otras cosas, y dejar el desarrollo espiritual y la hermandad en segundo plano.

Sin embargo, este no es un problema nuevo inventado por la modernidad.

Observa cómo el escritor bíblico exhorta a los hebreos. Les pide que no dejen de congregarse, «como algunos tienen por costumbre». Pero, aunque les lanza este reto, también reconoce que perder la hermandad significa perder los beneficios previstos de «estimularnos al amor y a las buenas obras y exhortarnos». Aunque el ajetreo puede tentarnos a «dejar» la hermandad espiritual, ¿qué pasaría si «no dejar» la hermandad espiritual realmente simplificara nuestro ajetreo?

Aunque el ajetreo puede tentarnos a «dejar» la hermandad espiritual, ¿qué pasaría si «no dejar» la hermandad espiritual realmente simplificara nuestro ajetreo?

Muchos hombres no se dan cuenta de lo que están perdiendo porque nunca lo han experimentado. En lugar de eso, van tras lo conocido y se ocupan, aumentan la velocidad, el volumen y la frecuencia de las actividades, pero no se relacionan con otros hombres. Debemos romper este ciclo, y hacerlo de inmediato.

Cambio necesario

Digo, pues, por la gracia que me es dada, a cada cual que está entre vosotros, que no tenga más alto concepto de sí que el que debe tener, sino que piense de sí con cordura, conforme a la medida de fe que Dios repartió a cada uno. Porque de la manera que en un cuerpo tenemos

> *muchos miembros, pero no todos los miembros tienen la misma función, así nosotros, siendo muchos, somos un cuerpo en Cristo, y todos miembros los unos de los otros* (Romanos 12:3-5).

Por último, la hermandad requiere cambios. Requiere cosas de nosotros que muchos nunca hemos hecho antes, y por tanto dudamos en ir tras ellas. Más que nada, la hermandad requiere que hagamos algo que parece muy poco masculino: poner a un lado nuestros problemas en compañía de otros hombres y cambiar. ¡Y tú que creías que entregar tu vida a Cristo era un paso enorme! Algunos pueden encontrar un poco intimidante este requisito de cambiar.

Por naturaleza nos resistimos a cambiar. Y este salto relacional va a desafiar a la mayoría de los hombres porque temen todo lo que la hermandad espiritual demanda: transparencia, disposición, docilidad, exposición, vulnerabilidad, dar a conocer distintos asuntos. Inicialmente estas cosas parecen debilidad y una pérdida de tiempo. Muchas veces, cuando invitan a otros al grupo, los hombres que han probado la hermandad espiritual hablan de estas demandas en lugar de los beneficios de la hermandad. Como resultado, los hombres se sienten intimidados por la perspectiva de la hermandad; creen que se les está pidiendo que se unan a un grupo de ayuda donde se sentarán con otros hombres a hablar de sus sentimientos y fracasos. Esto sucede a veces, pero no es todo lo que ocurre. Promover hermandad describiendo sus demandas es difícil de «vender» cuando los hombres no han experimentado los beneficios ni han oído hablar de estos.

Aparte de estas cuatro, sin duda hay más dificultades. Es probable que tengas tu propia lista. En cualquier caso, todos necesitamos relacionarnos unos con otros. Esta no es una opción; es un mandato.

Y, como hermano, permíteme darte un empujón preliminar hacia la línea de partida con dos formas en que puedes comenzar a participar en esto tan fundamental.

Aspectos preliminares

Toma la iniciativa

La hermandad requiere iniciativa. No de alguien más: de ti.

La evidencia muestra que los hombres no logramos desarrollar con éxito relaciones significativas con otros hombres. Cada uno tiene muchos conocidos en el trabajo, el estudio, la vida, e incluso la iglesia. Podríamos incluso tener algunos amigos con los que nos juntamos porque tenemos algunos intereses en común, como automóviles, deportes o juego. Pero pregúntale a un hombre cristiano si tiene una (¡solo una!) relación espiritual significativa con otro hombre, y la respuesta por lo general es «no».

Algunos hombres han pasado años y décadas sin tener una de estas relaciones.

Esto es una locura y es un plan seguro para el fracaso. Al aferrarnos a la independencia, solo porque es más fácil, nos exponemos a toda clase de cuestiones, problemas y pecados. No podemos llevar la vida de esta manera y tener éxito espiritual. Podrías tener una esposa creyente; de ser así, ella discierne. Incluso puedes asistir con regularidad a la iglesia, lo cual también es importante. Podrías incluso orar y leer a diario la Biblia, y sí, esto también es vital. Pero la hermandad espiritual es parte esencial de la vida y no se puede olvidar. Considera esto:

> *Yo me volví otra vez, y vi vanidad debajo del sol. Está un hombre solo y sin sucesor, que no tiene hijo ni hermano; pero nunca cesa de trabajar, ni sus ojos se sacian de sus riquezas* (Eclesiastés 4:7-8).

La hermandad demanda algo desde el principio: iniciativa chapada a la antigua. En esto no puede intervenir nadie más. No lo debe planificar tu pastor, tu esposa o un amigo. Solo tú puedes acercarte a otro hombre. Esto significa que debes asignarte una tarea para hoy. Probablemente vas a tener que levantar el teléfono y hacer una llamada o sentarte a escribir un correo electrónico. No puedes sentarte a esperar que te inviten; tendrás que estirar algunos músculos espirituales y empezar a utilizarlos (y en un momento te mostraré cómo hacerlo). Pero ya que no puedo hacerlo por ti, intenta recordar esto: haz algo.

Deja de aferrarte a la independencia solo porque es más fácil; toma la iniciativa y haz algo. Sé proactivo en tu desarrollo espiritual.

Piensa en hombro a hombro

Ahora que estás listo para tomar la iniciativa, y antes de proporcionarte tres pasos prácticos que debes dar, tratemos de hacer que la iniciativa sea un poco menos desalentadora.

Reconozco que si haces esto por tu cuenta puede resultar intimidante. Si nunca has desarrollado una relación cristiana con otro hombre, podrías sentirte abrumado. Mi lado motivacional y poco comprensivo exclama: «¡Supéralo!». Pero mi lado solidario expresa: «Pensemos de forma diferente».

Deberías pensar en iniciar una hermandad en una de dos maneras:

- El encuentro hombro a hombro: una reunión centrada en la actividad
- El encuentro cara a cara: una reunión centrada en el tema

Con cualquiera de las dos opciones tendrás que hacer una pequeña planificación práctica. Consideremos cómo podría ser esto.

Creo que cuando empezamos es más fácil hacerlo con una actividad hombro a hombro, que es mucho menos intimidante. Esta nos brinda algo que hacer mientras forjamos una relación y nos deja con menos incertidumbre en la programación. Además, la mayoría de los varones son algo competitivos y se sienten llenos de energía al hacer algo que les estimula. Tan solo pídele a otro hombre que te acompañe a algo que te guste hacer. Piensa, por ejemplo, en algún deporte o juego. Actividades en que te paras hombro a hombro con otro individuo pueden ser mucho menos intimidantes que sentarte cara a cara en una cafetería.

Hay montones de actividades hombro a hombro que tal vez ya te gusta hacer y que también podrías llevar a cabo con otros hombres. Piensa en bolos, en lanzar dardos, en ráquetbol o en tenis. Piensa en un proyecto de servicio, un viaje misionero o una excursión de aventura. Cuando realizamos esta clase de actividades, creo que es más fácil para nosotros poner a prueba la relación y averiguar si existe un vínculo de beneficio mutuo. Los temores acerca de la vulnerabilidad, el intercambio emocional y la apariencia de debilidad desaparecen porque todo el mundo sabe qué esperar de estas salidas.

Reduce tu miedo, toma la iniciativa con actividades hombro a hombro que creen la oportunidad para una acción común.

Sin embargo, siempre puedes ir directamente a una reunión cara a cara durante una cena o un café. La mayoría de los hombres se alegrarán de que los invites, pero si eliges esta opción, significa que debes estar un poco más preparado, porque vas a necesitar cosas de qué hablar. No puedes simplemente improvisar y mirar fijamente al otro individuo. Y ahí es donde nos dirigimos a continuación: examinemos de qué hablar durante este tiempo.

¿Te sientes valiente? Pide una reunión cara a cara y sumérgete en lo profundo de la hermandad.

Forjar hermandad

No tengo a nadie que se preocupe como Timoteo (confesó Pablo) (Filipenses 2:20, NBV).

Es tan solo una reunión; eso es todo. Es como cualquier otra reunión que hayas tenido. Pero en nuestra cabeza complicamos la situación porque creemos que las conversaciones espirituales son muy diferentes. Al fin y al cabo, nunca antes hemos tenido un debate espiritual intencional con un hombre, y es posible que él tampoco sepa qué hacer.

Así que paso a ofrecerte tres puntos para estructurar el tiempo y la conversación. Son los mismos para ambos tipos de encuentro: hombro a hombro y cara a cara.

Uno: Prepara cuatro preguntas con propósito

Había un hombre de los fariseos que se llamaba Nicodemo, un principal entre los judíos. Este vino a Jesús de noche (Juan 3:1-2).

Cuando se trata de actividades hombro a hombro, la preparación es un poco menos problemática. El propósito de la actividad determina el flujo del tiempo. Sin embargo, una conversación espiritual intencional requiere un poco de esfuerzo. Pero solo un poco.

Esto es lo que quiero decir: Me he alejado de cualquier cantidad de partidos de golf deseando haber pasado más tiempo conversando sobre temas importantes con los hombres extraordinarios con quienes estaba. Mantener una conversación intencionada sobre contenido espiritual significativo debería ser uno de tus objetivos principales siempre que te reúnas; en algunos casos, la actividad central puede incluso pasar a un segundo plano. No permitas que la emoción de la actividad se apropie de la oportunidad de tener propósito. Puedes practicar algún deporte o ver un partido mientras hablas sobre cómo criar hijos que honran a Dios, mientras analizas qué retos de relación enfrentas en tu matrimonio, o mientras reconoces tu ansiedad acerca de un inminente cambio de profesión.

Si antes no has tenido una conversación significante mientras realizas una actividad hombro a hombro, entonces simplemente dile a tu amigo desde el principio que te gustaría pedirle su opinión sobre un par de temas durante la actividad o después de ella. No es algo raro hacer esto. Muchos negocios se realizan mientras se juega golf. Lo que deseas hacer ahora es un trato espiritual con implicaciones espirituales. Solo asegúrate de ser claro respecto al propósito de la invitación para que tu amigo no se sienta acorralado. (A continuación, incluyo un lenguaje de invitación para ayudarte).

Los hermanos espirituales se hacen mutuamente preguntas llenas de propósito.

Si te saltas la actividad hombro a hombro y vas directo a la reunión cara a cara, entonces debes determinar el propósito desde el principio. Puesto que principalmente (si no exclusivamente) van a conversar, no debe haber muchas distracciones aparte de la comida o las bebidas.

La clave conversacional para cualquier tipo de reunión es simplemente esta: tu tema determina tu propósito. El tema central de debate es el propósito de la reunión. Antes de extender una invitación a un hermano cristiano para reunirnos, primero determino cuatro preguntas que deseo hacer, y de estas preguntas viene el propósito. Estas preguntas pueden ayudarte a determinar el tipo de individuo con quien debes relacionarte. Por ejemplo, si necesitas asesoramiento comercial, reúnete con un empresario cristiano, si necesitas consejo matrimonial, reúnete con un cristiano que haya atravesado por tus mismos retos. Si necesitas consejo con tus hijos, habla con un padre cristiano que tenga tres o más hijos. Creo que me he hecho entender; la situación es bastante intuitiva, pero nosotros complicamos demasiado todo. Se trata simplemente de un encuentro con un enfoque espiritual.

Ahora debes preparar tus preguntas.

Si necesitas un lenguaje acogedor de inicio, he aquí algunas líneas que podrían ayudar:

Reunión general:

- Me gustaría saber tu opinión sobre un par de temas.
- Estoy enfrentando un reto y quisiera conocer tu opinión.
- Veo que eres bueno en [llena el espacio en blanco] y deseo entender cómo lo haces.

Reunión «soy un nuevo cristiano»:

- Estoy empezando mi relación con Cristo y busco algo de sabiduría sobre algunos temas.
- Mi propósito para este año es relacionarme con otros varones cristianos.
- Ando buscando alguna guía espiritual y pensé que podrías ayudarme.

Reunión de asesoramiento profesional:

- Estoy enfrentando algunas dificultades en el trabajo y me gustaría conocer tu opinión al respecto.
- Estoy considerando un cambio de carrera y deseo saber cómo hiciste tu transición.
- Busco relacionarme con algunos hombres cristianos.

Reunión para concretar:

- Ando buscando uno o dos varones con quienes relacionarme semanalmente.
- Busco asesoramiento práctico sobre [inserta el tema]; ¿aceptarías una taza de café?

Reunión seria:

- He estado orando por un problema y no estoy seguro de qué decisión tomar. Creo que puedes ayudarme.
- Hace poco me despidieron y necesito orientación profesional.
- Estoy enfrentando una serie de situaciones problemáticas y necesito un poco de guía y oración.
- Supe que has enfrentado retos similares a los míos; ¿podrías decirme cómo los superaste?

Recibe un consejo

Considerémonos unos a otros para estimularnos al amor y a las buenas obras; no dejando de congregarnos, como algunos tienen por costumbre, sino exhortándonos; y tanto más, cuanto veis que aquel día se acerca (Hebreos 10:24-25).

A continuación debemos preguntarnos: ¿Cuál es el objetivo de la reunión? Esto también es sencillo y a menudo se pasa por alto. En el contexto de la hermandad cristiana siempre buscamos llegar a ser más como Cristo e intentamos animarnos unos a otros hacia ese fin. Todo se resume a eso. Creo que la manera más fácil de hacerlo es un consejo tras otro.

En toda relación busco salir de cada encuentro habiendo recibido algo que provea dividendos a mi vida o, por el contrario, habiendo dejado algo para mi hermano que le proporcione dividendos. Deseo ser mejor por haberme reunido con mis hermanos y que ellos sean mejores por haberse reunido conmigo. Por tanto, durante nuestra reunión busco un punto de vista alentador que no había considerado antes, una nueva revelación, o una perspectiva para uno de nuestros problemas. Al participar en una conversación intencional descubrimos algo nuevo sobre nosotros mismos, al menos casi siempre lo consigo. En algunos casos podemos aprender muchas cosas. Extraeremos oro de esta relación. Lo llamo búsqueda de consejo.

Los hermanos espirituales se van mejores de lo que llegaron, haciendo una inversión el uno en el otro.

Si luchas por saber qué tipo de consejo podrías necesitar, investiga en las cinco categorías que ya vimos (fe, familia, salud, finanzas y amistades) e identifica algunas sugerencias que necesites para tu mejora personal. Luego vuelve al paso anterior y considera si las preguntas conducen a ese fin.

Antes de salir de la reunión, lo mejor es repetir tus nuevas ideas, o los consejos que recibiste, al hombre con quien te reuniste. Al hacer esto estás agradeciéndole y haciéndole saber que ese momento te conmovió. Debes observarle el rostro cuando hagas esto; casi siempre se ilumina.

Así que recuerda: prepara cuatro preguntas y obtén un consejo.

Agrega un elemento espiritual

Animaos unos a otros, y edificaos unos a otros, así como lo hacéis (1 Tesalonicenses 5:11).

Por último, debes agregar un elemento espiritual a cada reunión cristiana. Es clave hacerlo desde el principio y a menudo. Si logras establecer este patrón desde la primera reunión servirá como un rompehielos para un desarrollo espiritual futuro. Algunos hombres serán desafiados en esto, ya que nunca antes han tomado en público esos dos fundamentos anteriores: oración y lectura bíblica. He aquí una pequeña progresión sobre tres reuniones que yo utilizaría si no estás seguro hacia dónde dirigir las cosas.

- Reunión #1: Pregunta al final cómo puedes orar por él esa semana.
- Reunión #2: Pide permiso para orar antes de empezar; luego ora en voz alta y sé breve.
- Reunión #3: Comparte algunos pasajes bíblicos que has estado leyendo y pídele que exprese lo que piensa; luego ora de la manera que lo hiciste en la segunda reunión.

Es mejor presentar la actividad espiritual antes que después en la relación, porque si la pospones durante mucho tiempo nunca hallarás la forma de hacerlo. Traspasa lo delicado de la transparencia espiritual; apóyate en ella.

Los hermanos espirituales incluyen elementos espirituales en las reuniones.

Recuerda preparar cuatro preguntas, obtener un consejo y agregar un elemento espiritual. A esto lo llamo el 4-1-1 de la Hermandad para que sea fácil de recordar.

Como última palabra de ánimo, es posible que no logres desarrollar una relación de hermandad con una sola reunión, y no hay problema con eso. Cualquier número de factores puede causar un vínculo fallido, muchos de los cuales están totalmente fuera de tu control. Lo importante es que tomes la iniciativa, desarrolles un plan y dejes los resultados a Dios. Si no funciona, considera lo que estuvo mal en la relación, y luego encuentra otro individuo que se ajuste a lo que buscas. No tienes que establecer un vínculo para siempre con un hombre si la relación mutua solo tiene un beneficio temporal para ambos.

Recuerda, Jesús no estuvo para siempre con sus doce discípulos. No es necesario que seas exclusivo en toda relación, pero tampoco debes descartar relaciones muy rápidamente. Al final, la clave es no renunciar. La hermandad es vital para tu desarrollo espiritual y los beneficios son increíbles.

Preguntas de reflexión y debate

1. ¿Por qué las amistades son importantes para todos los hombres?
2. ¿En qué se diferencia la hermandad espiritual de otras amistades?
3. ¿Cómo podría un hermano espiritual convertirte en mejor esposo, padre, amigo y compañero de trabajo?
4. ¿Qué clase de hermano espiritual necesitas actualmente en tu vida?
5. ¿Estás dispuesto a dejar de lado otras prioridades (o incluso relaciones) con el fin de desarrollar una relación sólida con otro hermano cristiano?

Llamado a la acción

Los siguientes pasos constituyen tu llamado a la acción en el área de la hermandad.

1. Aspectos preliminares

- **Toma la iniciativa:** toma la decisión de realizar la acción necesaria para forjar una relación con otro hombre. Nombra un hermano cristiano con quien necesites pasar tiempo.
- **Piensa hombro a hombro:** invita a esa persona a una actividad o reunión. Decide tu actividad y luego llámalo o envíale un mensaje de texto o un correo electrónico.

2. Forjar hermandad

- **Prepara 4 preguntas:** lo que te gustaría preguntarle a tu invitado. ¿Cuáles son tus preguntas?
- **Obtén 1 consejo:** lo que puedas llevarte del tiempo juntos, y luego agradécele. ¿Hay algún consejo que deseas recibir?
- **Agrega 1 elemento espiritual:** de cualquier clase. Decide por anticipado hacer esto: podría ser tan sencillo como una oración o un pensamiento de tu lectura bíblica. ¿Qué elemento deseas incluir?

Si quieres ayuda en hacer esto, considera seguir conmigo el **Reto de 35 días** (solamente en inglés) que acompaña a este libro. Revísalo en línea en www.beresolute.org/called-to-act.

11

Rendición de cuentas

Volvamos por un momento a la parábola del Sembrador. Quiero recordar algo contigo. El punto de la parábola es este: La receptividad de un hombre a la Palabra de Dios es importante. También descubrimos que el nivel de receptividad de un hombre determina lo que su vida produce. O es nada o es algo, y cuando es algo es increíble. Recuerda: estamos hablando de receptividad espiritual a la verdad, y no solo a cualquier verdad, sino a la verdad *de Dios*.

Esto significa que los resultados espirituales corresponden de alguna forma a nuestra receptividad espiritual. En nuestro ámbito humano, debemos esforzarnos por ser receptivos. En el ámbito espiritual, Dios es quien se esfuerza; esto se llama gracia, amor, misericordia y perdón. Y en armonía logramos cosas impensables, imposibles y milagrosas. ¿Qué se requiere de ti para que te conviertas en un hombre llamado a actuar? Solo una cosa: receptividad. Eso es todo. La receptividad es algo grandioso porque conduce al cambio en todo, pero ninguna otra cosa nos preparará para la acción.

Mirad por vosotros mismos (Lucas 17:3a).

Lo esencial es poner atención. Eso es todo.

¿Quién no desea estar cerca de un hombre atento y receptivo? Es más dispuesto, curioso y libre. También es menos dogmático, rígido y estancado.

Está más dispuesto a intentar nuevas experiencias y a experimentar nuevas formas de hacer las cosas. Y, aunque la apertura excesiva puede ser ineficaz y sin sentido en la experiencia humana, no es así en nuestra relación con Cristo. Porque en nuestra relación hay una parte que siempre cambia, *nosotros*, y otra que no cambia, *Cristo.*

En nuestra relación hay una parte que siempre cambia, nosotros, y otra que no cambia, Cristo.

Veamos ahora todo el pasaje de Lucas 17:3. La segunda mitad del versículo es un poco sorprendente, pero léelo para conocer todos los beneficios.

Mirad por vosotros mismos. Si tu hermano pecare contra ti, repréndele; y si se arrepintiere, perdónale (Lucas 17:3).

Si miramos más allá del lenguaje fuerte veremos toda la belleza de la rendición de cuentas a la que la mayoría de los hombres le hace caso omiso. La rendición de cuentas nos ayuda a poner atención y ser receptivos. Nos lleva a la relación. Preserva las relaciones. Nos ayuda en nuestra guerra contra el pecado. Genera valor en un hombre durante tiempos difíciles. Puede llevar al arrepentimiento y el perdón. Promueve sanidad y carácter en los hombres. Pero el verdadero beneficio que tendemos a pasar por alto es la *percepción* que proporciona. La rendición de cuentas nos ayuda a «*prestar atención a nosotros mismos*» en una manera que no podemos lograrlo solos.

Nuestro impulso es *hacernos los hombres* (a propósito, no me gusta mucho este lenguaje) con nuestra independencia firme y enérgica, y enfrentar la vida solos. En lugar de eso necesitamos *hermanarnos* y dar la bienvenida a la rendición de cuentas en el trayecto de convertirnos en los hombres que Dios desea que seamos. Y he aquí la razón.

Es ineludible

Yo os digo que de toda palabra ociosa que hablen los hombres, de ella darán cuenta en el día del juicio (Mateo 12:36).

No sé si ya lo descubriste, pero la rendición de cuentas es ineludible. Es uno de esos principios de vida que no puedes evitar. Pagarás ahora o más adelante. No puedes dejar de rendir cuentas, aunque muchos hombres creen que pueden hacerlo. Finalmente, todos nos presentaremos delante del trono de Dios y rendiremos cuentas. Este es el principio final de pagar después. Así que como hombres, ¿por qué no ser más proactivos y menos reactivos? Paguemos ahora con un poco de disciplina espiritual, algo de fe incómoda participada y la pérdida de amistades tóxicas, para no tener que pagar después. Soportemos hoy la vergüenza de ser retados, permitiendo que nuestro pecado quede al descubierto, y luego volvámonos a Dios en arrepentimiento diario. ¿Por qué no aceptar el hecho de ser confrontado por una esposa o un amigo cristiano en lugar de que tus fallas sean expuestas delante de una multitud? ¿Por qué no más bien ser corregido por un alto ejecutivo y soportar un cambio que ser despedido del trabajo? ¿Por qué no soportar el menosprecio de un sargento de entrenamiento que sufrir humillación y pérdida en batalla? No sé si piensas igual, pero un poco de sufrimiento temporal parece mejor que la pérdida y la vergüenza a largo plazo. Se trata de ese antiguo principio de pagar ahora o pagar después. Como Jesús declaró en el pasaje anterior, si no dirigimos nuestras decisiones en la dirección piadosa, siempre hay una penalidad que pagar. Así que, ¿por qué no invitar a cristianos en quienes confiamos para que nos ayuden a mantener el rumbo?

> *Nada de lo que Dios ha creado puede esconderse de él; todo está claramente expuesto ante aquel a quien tenemos que rendir cuentas* (Hebreos 4:13, DHH).

Dios tiene que ver con la rendición de cuentas. Para que Él sea veraz (y, de hecho, *es* la verdad) siempre tiene que ser el campeón de una gran rendición de cuentas. Desde las primeras páginas de la Biblia hasta la última llama a todos los hombres a responder por lo que han hecho. Por tanto, si crees que puedes evadir la rendición de cuentas, te equivocas. La verdadera decisión es nuestra: podemos pagar ahora o pagar después. Podemos ser proactivos en materia de rendición de cuentas o ser reactivos y obligados a rendir cuentas. Podemos someternos ahora a la disciplina o ser disciplinados más adelante.

Aspectos preliminares

Si has trabajado en un ambiente de alta responsabilidad sabes que la rendición de cuentas funciona. Tengo algunos amigos que trabajan en profesiones sumamente administradas cuyas acciones diarias son monitoreadas con mucho cuidado por numerosas personas. Estos amigos trabajan en entornos que protegen y cuidan la vida humana. Y, aunque esto parezca una carga, ellos agradecen, incitan el hecho de rendir cuentas y la desean. Más ojos y una mejor rendición de cuentas aseguran mejores resultados al final.

En un contexto espiritual debemos buscar rendir cuentas por nuestras acciones y motivaciones, y esto puede sentirse abrumador. En lugar de hablar de todas y cada una de las razones por las que nos resistimos a rendir cuentas con otros hombres, aquí tienes una lista rápida (estoy seguro de que podrías agregar algunos aspectos tuyos):

- Disfrutamos nuestra privacidad.
- Hemos tenido malas experiencias al compartir detalles privados con otras personas.
- No sabemos cómo hacerlo.
- Tenemos miedo de ser avergonzados.
- Somos ferozmente independientes.
- No queremos parecer débiles.
- En realidad no queremos cambiar.
- Creemos que solo debemos rendir cuentas a Dios.

He oído cada una de estas excusas por parte de hombres, y soy culpable de haber expresado antes en mi vida algunas de las de esta lista. Pero todas nuestras dudas se reducen a un gran problema cuando de rendir cuentas por parte de hombres se trata. No es cuestión de propósito, de procedimiento o de personas. Es un problema con nosotros. Simplemente albergamos demasiadas malas creencias y actitudes sobre la rendición cristiana de cuentas.

Desecha las malas creencias y actitudes

> *¡Hipócrita! saca primero la viga de tu propio ojo, y entonces verás bien para sacar la paja del ojo de tu hermano* (Mateo 7:5).

Seamos realmente sinceros al respecto. Los hombres tenemos muchas creencias malinformadas y una actitud realmente hostil respecto a la rendición espiritual de cuentas. He descubierto que tenemos enterrado todo tipo de bagaje acerca de esto. A algunos, otros cristianos que nos manipularon nos han quemado; y a menudo simplemente nos gusta la vida como es. Admitámoslo: podemos ser obstinados. Además, «*sacar la viga de nuestros propios ojos*» no parece algo divertido; francamente, parece una actividad muy severa. Estaríamos mejor si la viga no sobresaliera, pero al final se trata de una cirugía opcional, ¿verdad? Creo que deberías estar de acuerdo, es muy obvio por qué los hombres no hacen fila, no ovacionan ni se frotan las manos para ponerse a trabajar y ensuciarse en rendir cuentas a la antigua.

Lo irónico es que en realidad nos gusta la rendición de cuentas cuando esta se ejerce en otras personas. Nos encanta cuando el individuo que nos cortó el paso en el tráfico es detenido un kilómetro más adelante (y cuando no sucede así, disfrutamos imaginando ese resultado). Cuando nuestro equipo se enfrenta a un rival feroz, nos gusta mucho que a un jugador que despreciamos le piten un penalti, lo manden al banquillo y deba observar que nuestro equipo le robe la victoria. Nos encanta cuando al final es arrestado ese líder engañoso, manipulador y narcisista. Nos sentimos bien cuando esto sucede, y también nos sentimos justificados y satisfechos de alguna manera extraña. Así que en el fondo realmente nos gusta la rendición de cuentas. Solo que preferiríamos no experimentarla en nosotros mismos.

Esta relación de amor-odio resulta en creencias y actitudes retorcidas que provienen de una total incomprensión de la rendición de cuentas. La mayoría de las veces que en círculos cristianos los hombres oímos la frase «rendir cuentas», lo hacemos en conjunción con pecado y compulsiones sexuales. En los últimos años se han vuelto más abundantes que nunca los libros y recursos para hombres con adicción sexual. El mensaje central que se presenta es que rendir cuentas ofrece una salida. Obviamente, esto no está mal. Alguna clase de rendición de cuentas es absolutamente necesaria en situaciones en que los hombres son atrapados en pecados repetitivos. Pero esa no es la imagen completa de lo que puede ser la rendición de cuentas o por qué debemos adoptarla.

Creo que rendir cuentas puede ser algo proactivo y positivo. Piensa en la rendición de cuentas que ves exhibida entre un gran entrenador y un gran jugador. En casi cualquier deporte hay varios ejemplos de estas excelentes relaciones entre entrenador y jugador, así que piensa en uno de esos ejemplos. ¿Qué cosas practica este entrenador para hacer responsable a su jugador? Lo adiestra, prepara, lidera, forma y, en algunas ocasiones, lo derriba. Pero no se dirige constantemente a este jugador con una rendición de cuentas reactiva y negativa. Al contrario, el entrenador se esfuerza por encontrar un enfoque adecuado para el hombre a su cargo, con la finalidad de convertirlo en mejor jugador, mejor líder y mejor individuo.

Ahora apliquemos esto a la rendición espiritual de cuentas para los hombres. La intención de esta actividad es convertirnos en mejores hombres, padres, esposos y líderes. Es proactiva y positiva, no exclusivamente usada para alejarnos del pecado, sino más bien para enseñarnos, reprendernos, corregirnos y entrenarnos para llegar a ser los hombres que Dios quiere que seamos.

¿Cómo se ve entonces la rendición cristiana de cuentas positiva y proactiva? ¿Puede forjarse alrededor de que aprendamos a aceptar más la gracia, el perdón, el amor y la misericordia de Dios durante la semana? ¿Puede levantarse alrededor de conversaciones que nos alienten a orar, leer las Escrituras, forjar hermandad y comprometernos en el ministerio con mayor eficacia? ¿Puede tratarse de resultados viables en que debemos trabajar con nuestras esposas, nuestros hijos, nuestros amigos y nuestros compañeros de trabajo? ¿No es esto lo que deseamos? Esto es definitivamente lo que necesitamos. Solo tenemos que superar el problema de las malas creencias y actitudes.

> *Hierro con hierro se aguza; y así el hombre aguza el rostro de su amigo* (Proverbios 27:17).

Este versículo es emblemático del ministerio de varones. Pero los hombres deben aprender a pasar de la memorización y llegar a amar el proceso descrito en este versículo: cuando el hierro afila el hierro, una rueda rechina, vuelan chispas y el espacio se llena con el chillido de la fricción de hierro sobre hierro. Los sonidos y las sensaciones de este rechinar pueden ser dolorosos, pero es lo que debemos soportar para lograr un instrumento afilado. Creo que las primeras sombras que los hombres debemos eliminar son todas nuestras malas creencias y actitudes. Y recuerda que, si no te obligas a aceptar la incomodidad de este momento, terminarás sin hacer nada, y el hierro inactivo se oxida.

Por tanto, debemos deshacernos de todas estas creencias y actitudes malas. Adelante, escríbelas para tu propia conciencia personal. Empieza incluyéndolas en tu tiempo de oración como parte de una confesión a ti mismo y a Dios. Por ejemplo, podrías decir algo como esto:

- *Dios, he vivido aislado durante mucho tiempo.*
- *Dios, he tenido una actitud sospechosa sobre los hombres cristianos en general.*

- *Dios, me asusta ser puesto en evidencia; tengo pecado en mi vida que no estoy dispuesto a confesar a los demás.*
- *Dios, siento que he cometido demasiadas equivocaciones.*
- *Dios, no me siento aceptado por los hombres de mi iglesia.*
- *Dios, le tengo miedo al cambio.*
- *Dios, he sido herido en el pasado al rendir cuentas.*
- *Dios, me asusta parecer débil al ir a ese grupo.*

Esto puede parecer un poco pesado en este punto, pero debemos superar toda esta basura y descubrir el gozo de una nueva perspectiva.

> *Hermanos míos, considérense muy dichosos cuando tengan que enfrentarse con diversas pruebas, pues ya saben que la prueba de su fe produce constancia. Y la constancia debe llevar a feliz término la obra, para que sean perfectos e íntegros, sin que les falte nada* (Santiago 1:2-4, NVI).

En lugar de enfocarnos en todos estos aspectos negativos, debemos adoptar la actitud de gozo. Debemos someternos más rápidamente a la prueba que produce constancia para que podamos ser completos como hombres.

Deseo mostrarte otra manera de rendir cuentas que dejará muchas de tus preocupaciones fuera de discusión. Podría incluso hacer esto más gozoso y atractivo para ti. Centrémonos en actividades positivas y proactivas que tal vez harán este proceso diferente de otras experiencias que hayas tenido. ¿Estás listo para deshacerte de una vez por todas de esas malas actitudes y creencias?

Hablemos de dos puntos preliminares que es necesario enfrentar antes de comenzar.

Determina un aspecto en que deseas mejorar

> *Ninguno tenga en poco tu juventud, sino sé ejemplo de los creyentes en palabra, conducta, amor, espíritu, fe y pureza* (1 Timoteo 4:12).

A medida que empezamos a rendir cuentas necesitamos alguna clase de objetivo. En el versículo anterior, Pablo ofrece a su protegido Timoteo algunos objetivos a considerar con relación a conducta, carácter y virtud. Está claro que Pablo conoce bien a Timoteo y quiere ayudarlo. Pero Timoteo debe aceptar por sí mismo este llamado a la acción. Debe decidir por sí mismo que va a llevarlo a cabo. Pablo no puede obligarlo a que lo haga.

A fin de comenzar, lo único que debes hacer es determinar un objetivo para tu crecimiento personal y espiritual de entre estas cinco categorías: *fe*, *familia*, *finanzas*, *salud* y *amistades*. Sin duda podrías identificar un objetivo de cada categoría, pero esa no es una gran idea. Tendrías que diluir tu enfoque, lo cual podría hacerte olvidar algunos de tus objetivos o llevarte a tropezar y fracasar en todos ellos. Prepárate para el éxito temprano: selecciona solo un objetivo para un número de semanas y amplíalo a medida que avanzas.

Vivimos en un mundo sobrecargado de información, por lo que debemos priorizar y centrarnos para poder triunfar. Esto es especialmente cierto para nosotros como hombres. A fin de lograr un objetivo importante debemos luchar contra el intento de abarcar demasiado a la vez. Con tantas otras prioridades en competencia es fácil olvidar los objetivos importantes. Así que enfócate en un solo objetivo. Te será fácil recordar, encontrarás más ayuda y apoyo, y te mantendrás flexible y podrás pasar tanto tiempo y energía como necesites para lograr ese objetivo único. Confía en mí en esto.

Toma un momento y escribe aquí tu objetivo en 3 a 5 palabras:

Ahora tienes otro preliminar que realizar con este mismo objetivo.

Describe el resultado del objetivo

> *El Dios de toda gracia, que nos llamó a su gloria eterna en Jesucristo, después que hayáis padecido un poco de tiempo, él mismo os perfeccione, afirme, fortalezca y establezca* (1 Pedro 5:10).

Notarás que Pedro entiende que hay un propósito en todo tipo de sufrimiento. Solo que no siempre lo vemos en el momento. Hay también un dolor que viene del sufrimiento. Pero la mejor parte de la rendición de cuentas proactiva y positiva es que logramos determinar el objetivo y tener un propósito para soportar la aflicción.

La mejor parte de la rendición de cuentas proactiva y positiva es que logramos determinar el objetivo y tener un propósito para soportar la aflicción.

El siguiente paso importante es tomar tu objetivo único e imaginar cuán diferente sería tu vida si lo cumples. Quiero que imagines cómo sería «*perfeccionada, afirmada, fortalecida y establecida*» tu existencia, según Pedro enseña. ¿Cuán diferente sería tu vida si tuvieras éxito en esta única área? Debes escribirlo. Piensa en cómo tu éxito afectaría a las personas que te rodean. Considera de qué manera tu éxito cambiaría tus pensamientos, actitudes y acciones. Piensa en cómo sería tu nuevo yo.

Toma un momento y escribe aquí una descripción de 2 o 3 frases del hombre que serías.

Estos dos pasos preliminares son fundamentales; sin ellos no puedes seguir adelante ni comprometerte eficazmente en la rendición de cuentas.

Rendición de cuentas D.R.

Entonces, ahora es el momento de desenredar toda creencia y actitud que tengas sobre la rendición de cuentas aprendiendo un mejor enfoque. Así es como debes actuar.

Declóralo

> *Confesaos vuestras ofensas unos a otros, y orad unos por otros, para que seáis sanados. La oración eficaz del justo puede mucho* (Santiago 5:16).

Es hora de hacer público lo que has decidido y descrito. Puesto que ya sabes lo que quieres lograr, esto te facilita el siguiente paso. Lo único que debes hacer es *declararlo*.

Observa lo que Santiago dijo. Usa la expresión *confesaos*, que significa *estar de acuerdo con, reconocer* o *declarar*. Y nota los beneficios evidentes de hacer esto. No esperes para hacer público el proceso y declarar. Comparte tu intención con alguien. Dado el reto del último capítulo, podrías declarar esto al hermano con quien deseas relacionarte, lo cual es una gran idea. Podrías declararlo a tu esposa, otra gran idea. ¿Quieres ser realmente valiente? Declóralo en las redes sociales. Pero hazlo público.

Decláralo: haz pública tu rendición de cuentas y el resultado.

Existen dos razones para hacer esto. Primera, cuando lo declaras públicamente estás comprometiéndote a actuar. Si terminas no haciendo nada, esto se reflejará mal en ti de un modo que no habría sucedido si hubieras guardado el objetivo para ti. Este deseo de demostrar la integridad de tu palabra puede ser un poderoso factor motivante. Segunda, una declaración ayuda a que otros te ayuden. Santiago da en el clavo con esto. Cuando las personas saben lo que estás tratando de hacer también pueden orar por el resultado que buscas, ¡esto es poderoso y eficaz!

Por tanto, si quieres resultados, *decláralos.*

Y después solo queda un paso.

Responsabilízate

Cada uno someta a prueba su propia obra, y entonces tendrá motivo de gloriarse solo respecto de sí mismo, y no en otro; porque cada uno llevará su propia carga (Gálatas 6:4-5).

No solo debes declarar tu necesidad de cambio, sino que debes reconocer que es *responsabilidad tuya.*

Creo que la rendición de cuentas se complica porque tendemos a esperar que alguien más proporcione la fuerza necesaria para luego empujarnos y arrastrarnos hacia delante. Observa por favor: otros hombres casi nunca (y quiero decir *raras veces*) se adueñan del proceso de revisión contigo. La mayoría de las veces lo olvidarán, a menos que sean sumamente disciplinados. Para la mayoría de los hombres, la rendición de cuentas se parece más a una confesión única ante un compañero responsable o incluso ante un grupo de hombres. Incluiremos una invitación para que otros hombres nos exijan rendir cuentas, pero la parte del proceso de verificación nunca ocurre. ¿Sorprendido? Probablemente no.

He aquí el cambio de juego: Reconoce que es labor tuya liderar y dirigir este proceso. Tú determinas el objetivo, describes el resultado, declaras tu intención y luego asumes la responsabilidad de verificar; es tu iniciativa hasta el final. No es responsabilidad de alguien más hacerte rendir cuentas; es tu responsabilidad. Eres responsable de iniciar las conversaciones en que cuentas la verdad acerca de lo que ocurre en tu proceso de crecimiento.

La rendición de cuentas solo funciona cuando la ejerces. Nadie puede acorralarte para que seas sincero y consigas cambiar. Debes estar dispuesto a fijar un objetivo, dispuesto a cambiar, dispuesto a conseguir ayuda y dispuesto a invitar la revisión.

Responsabilízate. Es labor tuya liderar y dirigir el proceso, no de otra persona.

En lugar de esperar que alguien más se comunique contigo, haz un plan por anticipado sobre cuándo puedes hablar de tu progreso. Yo comenzaría verificando una vez por semana por un total de tres semanas. Puedes hacerlo mediante mensaje de texto o llamada telefónica, o puedes reunirte cara a cara. Durante estas verificaciones analiza tu progreso hacia tu objetivo abordando estos tres temas:

- Lo que debes **empezar** a hacer.
- Lo que debes **dejar** de hacer.
- Lo que debes **seguir** haciendo.

El asunto es bastante sencillo, así que no lo compliques demasiado. Con el tiempo descubrirás un progreso significativo, o que tal vez debas ajustar un poco el objetivo dado lo que estás aprendiendo de ti mismo y de tu situación.

Ahora es tu turno. Se te ha presentado un nuevo enfoque para rendir cuentas. Es muy positivo y proactivo. La única pregunta es: *¿actuarás?*

Preguntas de reflexión y debate

1. ¿Cuál es tu actitud actual hacia la rendición espiritual de cuentas?
2. ¿Por qué no vemos más rendición de cuentas proactiva entre hombres en relaciones espirituales?
3. En una escala de 1 a 10, ¿qué tan receptivo eres a rendir cuentas en tu vida?
4. ¿Qué haría que la rendición espiritual de cuentas fuera más atractiva para ti?

Llamado a la acción

Los siguientes pasos son tu llamado a la acción en el área de rendición de cuentas. Toma algunos minutos para abordar los aspectos preliminares y luego llévalos a cabo.

1. Aspectos preliminares

- **Desecha** las malas creencias que tienes acerca de la rendición de cuentas. Escribe una de esas creencias y confiésala.
- **Determina** un aspecto en que te gustaría mejorar espiritualmente. Escríbelo.
- **Describe** el resultado del objetivo que determinaste. Escríbelo.

2. Rendición de cuentas D.R.

- **Decláralo:** haz público tu objetivo. ¿Con quién hablarás de esto?
- **Responsabilízate:** sé responsable del proceso durante las próximas semanas y vuelve a hablar con la persona a la que se lo declaraste. ¿Cómo volverás a hablar con esa persona?

Si quieres ayuda para la rendición de cuentas considera seguir junto a mí en el **Reto de 35 días** (solamente en inglés) que acompaña este libro. Te guiaré paso a paso utilizando los principios mencionados. Consúltalo en línea en www.beresolute.org/called-to-act.

12

Ministerio

Esto nos lleva a la última de las cinco disciplinas fundamentales y la más motivadora para nosotros como hombres. Fuimos diseñados para actuar, crear cosas, producir y encontrar maneras creativas de utilizar la incansable energía que Dios nos concedió. Fuimos creados con un propósito, y ese propósito es unirnos a Dios en su obra, actuar como sus representantes dondequiera que vayamos y en todo lo que hagamos.

Piensa ahora en eso por un segundo. ¡Qué increíble responsabilidad!

Lo complicado del ministerio

Hay varios aspectos que complican el ministerio para los hombres. Estos factores encabezan la lista.

Lo complicado de mi diseño

No fuimos creados por equivocación. Dios diseñó a los hombres con un propósito, por lo que uno de los retos de nuestro viaje es darle sentido a nuestro diseño. Como hombres tenemos este impulso insaciable de llevar vidas con propósito. Pero cuando comenzamos nuestro viaje espiritual sentimos como que nuestra vida se pone patas arriba, o tal vez sea mejor decir al revés. Al tratar de descubrir el propósito que Dios nos tiene, deben abandonarse los primeros propósitos que establecimos por nosotros mismos. Aunque este proceso es emocionante, nuevo y lleno de aventura, puede ser más que un poco retador. Solo considera por un momento lo que Pablo declara:

> *Somos hechura suya, creados en Cristo Jesús para buenas obras, las cuales Dios preparó de antemano para que anduviésemos en ellas* (Efesios 2:10).

«Somos hechura de Dios». La imagen es sorprendente. Dicho de otra manera, somos hechos individualmente a mano por el Creador. Cada uno de nosotros es una obra única e irrepetible de Dios. Y aunque tenemos días en que no comprendemos por completo nuestro propósito, esto no cambia la realidad de nuestra naturaleza: Dios nos creó con un propósito. Nos hizo distintos de los demás al crear nuestra combinación particular de talentos, habilidades y dones.

Pablo también declara que fuimos «creados en Cristo Jesús para buenas obras». El mensaje del apóstol es sencillo. Dios te diseñó con un propósito, pero también para un propósito. Cuando Dios te formó, lo hizo con un resultado previsto. Puedes confiar en esto. Tu diseño, manifestado por medio de tus talentos, dones y habilidades, es evidencia directa de tu propósito: canalizar todo lo que eres en buenas obras. Estas buenas obras a las que Dios nos ha llamado son nuestro ministerio.

Dios te diseñó con un propósito, pero también para un propósito: hacer buenas obras.

Pablo va incluso un paso más allá y declara que Dios «preparó» estas obras para nosotros «de antemano». Esto es algo afirmativo y poderoso; a menudo miramos hacia el futuro para descubrir cómo Dios podría ayudarnos, pero recordemos que debemos detenernos y pensar en todas las formas en que Él ha dirigido nuestro camino hasta este momento crucial.

Aunque podemos estar confiados en saber que tenemos un propósito, identificarlo puede resultar complicado. El problema aquí no es renuencia para descubrir el plan que Dios nos ha preparado; nos encantaría vivir en medio del propósito previsto de Dios. Sin embargo, los detalles cruciales de cómo Él desea que vivamos ese propósito a menudo parecen lejanos e imposibles de discernir.

Ya simplificaremos este proceso de aprendizaje, pero, por ahora, no te desanimes: Dios quiere que descubras y administres las buenas obras, es decir, el ministerio que te ha llamado a ejercer.

Lo complicado de mi adaptación en la iglesia

> *Así como el cuerpo es uno, y tiene muchos miembros, pero todos los miembros del cuerpo, siendo muchos, son un solo cuerpo, así también Cristo… Ni el ojo puede decir a la mano: No te necesito, ni tampoco la cabeza a los pies: No tengo necesidad de vosotros. Antes bien los miembros del cuerpo que parecen más débiles, son los más necesarios; y a aquellos del cuerpo que nos parecen menos dignos, a estos vestimos más dignamente; y los que en nosotros son menos decorosos, se tratan con más decoro. Porque los que en nosotros son más decorosos, no tienen necesidad; pero Dios ordenó el cuerpo, dando más abundante honor al que le faltaba, para que no haya desavenencia en el cuerpo, sino que los miembros todos se preocupen los unos por los otros. De manera que si un miembro padece, todos los miembros se duelen con él, y si un miembro recibe honra, todos los miembros con él se gozan. Vosotros, pues, sois el cuerpo de Cristo, y miembros cada uno en particular* (1 Corintios 12:12, 21-27).

Los hombres están profundamente exasperados con la iglesia en nuestra época. Me comunican sus quejas, conflictos y preocupaciones. Está claro que no se quejan porque les disguste la iglesia, sino porque la aman. Quieren que la iglesia funcione lo mejor posible. Ansían vincularse con una congregación, apoyarla, atraer a otros a ella y, especialmente, encontrar su propósito dentro de esa iglesia.

Primero debemos reconocer que la iglesia es esencial tanto para el mundo como para cada uno de nosotros como creyentes. Pablo fue claro al respecto cuando escribió a la iglesia en Corinto. Puesto que la iglesia es esencial, debemos concluir que no podemos simplemente apostar a ser iglesia; debemos adorar juntos y participar activamente juntos en el ministerio.

No obstante, incluso con la convicción de que debemos pertenecer a una congregación, descubrir nuestra adaptación dentro de la iglesia sigue siendo tan complicado como enterarnos de nuestro propósito general. Hay ocasiones en que simplemente no vemos cómo encajar en el cuadro. Esta lucha por relacionarte es especialmente pronunciada cuando te unes por primera vez a una nueva congregación. Puedes sentir que todos tienen un lugar y un papel excepto tú. O tal vez tu iglesia tenga el problema opuesto, y nadie logra ponerse de acuerdo sobre quién debe dirigir o participar en los variados grupos y ministerios. Por desanimados que podamos sentirnos, Pablo nos recuerda que la iglesia primitiva tenía el mismo problema que tenemos hoy, incluso desde el principio y en algunas de las primeras iglesias. Este fue el mismo tema que motivó la carta de Pablo a la iglesia en Corinto.

Los hombres se sentían frustrados con la iglesia incluso en su fase de modelo ideal. Pero Pablo dice explícitamente que no podemos evadir la iglesia ni nuestro compromiso individual con ella. Aunque luchemos por comprender nuestra adaptación dentro de la congregación, debemos lidiar con la dificultad. ¿Y por qué? Porque el cuerpo cojea (ineficazmente) sin ti. El cuerpo te necesita tanto, tal como necesita a todos los demás. Pero no pases por alto esto: tú también los necesitas. No debes olvidar que debes ser apoyado por los talentos, las habilidades y los dones de los demás, así como ellos necesitan apoyarse en los tuyos. Recuerda que tus talentos, habilidades y dones no te fueron dados para tu propio beneficio, son para buenas obras. Inviértelos libremente en otros dentro de tu iglesia mientras también te preparas para hacer juntos buenas obras, incluso mayores. Si evitas la iglesia, entonces sí, la congregación te perderá, pero tú también la perderás. Todos sufren.

Todos sufren cuando eludimos la iglesia.

También soy consciente de que muchos de nosotros podemos resistirnos a la idea de unirnos a alguna iglesia, no debido a un aspecto individualista obstinado, sino a experiencias dolorosas anteriores. Créeme, lo entiendo. Estoy de acuerdo en que las iglesias tiene defectos, pero eso no debería sorprender a nadie, porque toda iglesia está conformada por hombres caídos como tú y yo. Sin embargo, la iglesia sigue siendo el vehículo de Dios para mostrar su amor al mundo. Además, Jesús ama su Iglesia. La ama mucho. Por tanto, debemos luchar con esta complicación, incluso al tratar de encontrar nuestra cabida en la iglesia. Y podríamos tardar años en encontrarla. Tal vez podrías soportar inconvenientes relacionados con el personal, problemas de grupos pequeños, pecados grotescos y hasta dificultades teológicas, pero el cuerpo finalmente funcionará mejor si podemos abrirnos paso entre los complicados problemas.

La complicación de la autodescalificación

> *Si dijere el pie: Porque no soy mano, no soy del cuerpo, ¿por eso no será del cuerpo? Y si dijere la oreja: Porque no soy ojo, no soy del cuerpo, ¿por eso no será del cuerpo? Si todo el cuerpo fuese ojo, ¿dónde estaría el oído? Si todo fuese oído, ¿dónde estaría el olfato? Mas ahora Dios ha colocado los miembros cada uno de ellos en el cuerpo, como él quiso. Porque si todos fueran un solo miembro, ¿dónde estaría el cuerpo? Pero ahora son muchos los miembros, pero el cuerpo es uno solo* (1 Corintios 12:15-20).

Aquí hay un gran problema para los hombres: la autodescalificación.

A menudo los hombres creemos que no somos suficientemente buenos y que no tenemos suficiente educación ni conocimiento. Nos creemos demasiado inmaduros, demasiado jóvenes, demasiado viejos o demasiado agotados. Los hombres creemos que nuestra incapacidad para enseñar, nuestras debilidades como líderes, o nuestra falta de título nos impiden participar en el reino de Dios en una manera significativa. Siempre sentiremos que necesitamos un poco más de experiencia, más autorización y más apoyo. Y estas voces de reflexión negativa ocasionan una implosión de liderazgo en la iglesia a medida que nos desvinculamos.

Sinceramente, debemos detener esto.

Si el Espíritu Santo vive dentro de ti, este es el único requisito que necesitas. La voz de la autodescalificación no es de Dios; contradice a Dios, quien ya te ha concedido un propósito y te ha adiestrado para llevarlo a cabo.

> *Entonces viendo el denuedo de Pedro y de Juan, y sabiendo que eran hombres sin letras y del vulgo, se maravillaban; y les reconocían que habían estado con Jesús* (Hechos 4:13).

Fíjate en Pedro y Juan. Apuesto a que escucharon la voz de la autodescalificación. Incluso la multitud los consideró poco idóneos. Pero, con el poder de Dios, la opinión que el público tenía de que ellos eran «hombres sin letras» les iluminó la actuación de los apóstoles, y los observadores «se maravillaron». Esto es evidencia de que Dios puede hacer cualquier cosa con cualquier hombre. También con el hombre promedio. Cuando un varón actúa con valor contra la voz de la autodescalificación, Dios puede hacer más de lo que cualquier ser humano haría por cuenta propia. Cuando el hombre actúa en obediencia, Dios hace algo espectacular.

Cuando un hombre actúa valientemente contra la voz de la autodescalificación, Dios puede hacer más de lo que cualquier ser humano haría por su cuenta.

Debemos tener en cuenta que el trabajo ministerial sigue un conjunto de reglas distintas a las que estamos acostumbrados. En la mayoría de los demás campos profesionales necesitas gran educación, mucha preparación e incluso autorización (es decir, credenciales o licencia). El ministerio no se rige por esas mismas reglas. Mientras que sí nos formamos en la Palabra de Dios, preparamos nuestros corazones en oración y hasta ordenamos ministros, todo esto es secundario a simplemente actuar por fe. Dios no necesita nuestra sabiduría ni nuestra experiencia, sino más bien nuestra fiel obediencia, y hace la obra a través de esta labor. Lo que Él hace por medio de nosotros es más grandioso que todo lo que pudiéramos realizar con nuestra propia capacidad. Aunque podemos encontrar enriquecimiento personal en la búsqueda de educación, preparación y afirmación, esto no tiene nada que ver con lo que Dios puede hacer a través de nosotros. Él simplemente busca hombres que escuchen y actúen, de modo que puedan realizar la obra.

> *Dios hará que esto suceda, porque aquel que los llama es fiel* (1 Tesalonicenses 5:24, NTV).

Así que no permitas que la educación, preparación o autorización te detengan. Prestar demasiada atención a estos aspectos puede amplificar la voz de la autodescalificación.

El Antiguo Testamento nos muestra un momento que ilustra este mismo punto. El rey David está entregando el bastón de mando a su hijo Salomón, quien pronto será rey. David estaba calificado por muchas razones para conquistar la tierra, pero Dios le había prohibido específicamente que construyera un templo. Sin embargo, David no permitió que esta prohibición le impidiera sentar las bases. Los registros históricos muestran que David reunió todos los recursos posibles que la construcción del templo requeriría. El rey honró la instrucción de Dios y se detuvo justo antes de la construcción misma, mientras hacía todo aquello para lo que estaba calificado. Él no se sentó en una esquina a sollozar por haber sido descalificado de una acción específica; al contrario, hizo todo lo posible por apoyar el proceso. Reunió cada onza necesaria de oro y plata, cada piedra y cada tablón de madera. Contrató a los trabajadores. Estableció la infraestructura del liderazgo. Desarrolló los planes y su alcance y secuencia, y todo con la ayuda de Dios. Una vez que todo estuvo en orden, David se lo entregó a su hijo. Y esto es lo que el rey le indicó a Salomón:

> *Dijo además David a Salomón su hijo: Anímate y esfuérzate, y manos a la obra; no temas, ni desmayes, porque Jehová Dios, mi Dios, estará contigo* (1 Crónicas 28:20).

Lo único que se requirió de Salomón fue ánimo fiel, nada más. Hablemos de la planificación de la sucesión. Todo lo había hecho su padre para él, y aquí David intenta acallar la voz de la autodescalificación de Salomón, que era lo único que podía impedirle que cumpliera la tarea.

De igual modo, nuestro Padre ha reunido un sinfín de recursos; ha hecho todo el trabajo preliminar. Derrotó el pecado. Nos dio el Espíritu; la mayor fuerza sobre el planeta Tierra mora dentro de nosotros. Nuestro Padre extiende recursos ilimitados de gracia, misericordia, perdón y amor. Ha hecho todo esto y, sin embargo, a menudo escuchamos la voz de la autodescalificación, dudamos y permanecemos en un estancamiento perpetuo cuando lo único que necesitamos es un poco de ánimo.

Ahora mismo Dios está dispuesto a hacer cosas en ti y por medio de ti. No permitas que la culpa, la vergüenza y el miedo te paralicen. Podrías sentir que no tienes talentos, habilidades y dones de los cuales hablar, pero esta es una percepción errada. Si has nacido de Cristo estás preparado y dotado de poder. Los pensamientos y las creencias de autodescalificación son tu único y verdadero obstáculo; Dios puede ayudarte a conquistar todo lo demás. Tan pronto como superes este impedimento, y te pongas en movimiento, descubrirás esta realidad: Dios llama a los hombres y los prepara en el camino. La autodescalificación es lo único que puede evitar que grandes hombres como tú y yo alcancemos grandeza. Dios puede ayudarnos a derrotar cualquier adversario, pero no nos hará actuar.

> *Para los llamados, así judíos como griegos, Cristo* [es] *poder de Dios, y sabiduría de Dios. Porque lo insensato de Dios es más sabio que los hombres, y lo débil de Dios es más fuerte que los hombres* (1 Corintios 1:24-25).

Eres un hombre readaptado

> *Y él mismo constituyó a unos, apóstoles; a otros, profetas; a otros, evangelistas; a otros, pastores y maestros, a fin de perfeccionar a los santos para la obra del ministerio, para la edificación del cuerpo de Cristo, hasta que todos lleguemos a la unidad de la fe y del conocimiento del Hijo de Dios, a un varón perfecto, a la medida de la estatura de la plenitud de Cristo* (Efesios 4:11-13).

A medida que luchamos por comprender nuestro diseño, nuestra adaptación dentro del cuerpo de Cristo y la naturaleza de nuestras calificaciones, tenemos que empezar a pensar correctamente acerca de nosotros mismos y del ministerio. En esencia, el ministerio es la acción de un hombre piadoso.

El ministerio es nuestra forma de vida. Pocos de nosotros pensamos en el ministerio tan ampliamente porque tendemos a disociar nuestra vida diaria de nuestra experiencia cristiana. Nos gusta la idea de un Salvador (quien nos salva del pecado y la muerte), pero toda esta idea de tener un Señor (el líder de nuestra vida) es más difícil de aceptar. El señorío sugiere muchos cambios nuevos en la vida de un hombre; exige que nos rindamos a una nueva forma y comprensión de la existencia. Nuestra vida posterior al Señor no debería ser lo que fue antes del Señor.

Comprendo por qué los hombres disocian su vida «normal» de su llamado al ministerio. En primer lugar, el marco de referencia que tienen incluye un pastor, o personal pastoral pagado que dirija, enseñe, oriente y cuide las personas. Como resultado, los hombres creen que el ministerio está reservado para aquellos que reciben un pago para ejercerlo. La mayoría de los hombres suponen que el ministerio profesional pagado es la única forma de hacer ministerio, fallando en reconocer el llamado universal al ministerio de todos los creyentes. En segundo lugar, algunos hombres llegan a la conclusión de que, dado que sirven en una carrera no relacionada con el ministerio, este tendrá que esperar hasta que terminen su carrera. Por ahora, harán la vida como de costumbre; cuidarán y proveerán económicamente para sí mismos y sus familias, y más adelante se preocuparán de los asuntos ministeriales. Pero esta es una falsa opción. Puedes tener durante toda la vida una carrera no relacionada con el ministerio sin que el llamado de Dios al ministerio tenga que esperar.

El ministerio no es algo que solo pueda ejercerse como una profesión, ni puede esperar hasta más adelante en la vida, ni es opcional. Es la manera en que todo hombre cristiano fiel lleva su existencia. Y esto significa que debemos ver la totalidad de nuestra forma de vida como ministerio.

Échale un vistazo a Pablo. Escribió la mayor parte del Nuevo Testamento. Sus credenciales son increíbles:

> *Aunque yo tengo también de qué confiar en la carne. Si alguno piensa que tiene de qué confiar en la carne, yo más: circuncidado al octavo día, del linaje de Israel, de la tribu de Benjamín, hebreo de hebreos; en cuanto a la ley, fariseo; en cuanto a celo, perseguidor de la iglesia; en cuanto a la justicia que es en la ley, irreprensible* (Filipenses 3:4-6).

Pablo tuvo tremenda experiencia en el mundo real, incluso más de lo que se menciona aquí. Dios utilizó la preparación, la educación, la experiencia legal, la autoridad, la herencia, la influencia política, los escritos y la capacidad de Pablo con el fin de transformarlo en una fuerza mundial para el ministerio en el imperio más poderoso de su época: el romano. Pablo es un ejemplo interesante del hombre común, porque la mayoría de sus talentos, habilidades y dones fueron preparados y pulidos antes de convertirse en cristiano. Así es: el apóstol siguió usando sus mismos talentos, destrezas y dones que siempre tuvo, pero después de su conversión Dios los reutilizó para influir en el reino.

La carta a los Romanos en el Nuevo Testamento es un ejemplo perfecto de esto. Escrita por Pablo, representa evidencia de su capacidad legal, influencia de liderazgo, astucia política, educación religiosa, e incluso de su conocimiento del griego y de las filosofías romanas. El apóstol escribió este brillante argumento legal a favor de la fe para sus seguidores en Roma. Se trata de uno de los más grandiosos argumentos de todos los tiempos. De esto podemos ver que Dios tenía un plan para Pablo, y que los talentos, las habilidades y los dones del apóstol habían sido reutilizados para influir en una nueva manera. Pablo comprendió que fue solo por la misericordia y la gracia de Dios que esto se hizo posible.

> *Doy gracias al que me fortaleció, a Cristo Jesús nuestro Señor, porque me tuvo por fiel, poniéndome en el ministerio, habiendo yo sido antes blasfemo, perseguidor e injuriador; mas fui recibido a misericordia porque lo hice por ignorancia, en incredulidad. Pero la gracia de nuestro Señor fue más abundante con la fe y el amor que es en Cristo Jesús* (1 Timoteo 1:12-14).

No puedo pensar en un hombre más descalificado inicialmente (y luego, después de Cristo, más calificado y reutilizado) que Pablo. Pero ¿sabes qué? Él es solo como tú y yo y todos los demás hombres. Como resultado de la misericordia y la gracia de Dios, Pablo fue un hombre reutilizado. Esos talentos, habilidades y dones aparentemente naturales fueron aprovechados para los propósitos del reino. Anteriormente Pablo los usaba para sus propios propósitos y su propia gloria, pero luego los usó para los propósitos y la gloria de Dios.

Anteriormente Pablo los usaba para sus propios propósitos y su propia gloria, pero luego los usó para los propósitos y la gloria de Dios.

Jesús sabía lo que estaba haciendo con Pablo. Simplemente escucha la inquietud de Ananías cuando Jesús le pidió que fuera a curar a Pablo (entonces conocido como Saulo):

> *Entonces Ananías respondió: Señor, he oído de muchos acerca de este hombre, cuántos males ha hecho a tus santos en Jerusalén; y aun aquí tiene autoridad de los principales sacerdotes para prender a todos los que invocan tu nombre. El Señor le dijo: Ve, porque instrumento escogido me es este, para llevar mi nombre en presencia de los gentiles, y de reyes, y de los hijos de Israel; porque yo le mostraré cuánto le es necesario padecer por mi nombre* (Hechos 9:13-16).

Como hombres llamados al ministerio bajo el señorío de Jesucristo debemos tener la misma perspectiva. Somos hombres a quienes Dios ha reutilizado intencionalmente. Hemos sido salvados por la misericordia y la gracia de Dios, quien nos ha elegido para sus propósitos. A pesar de unas cuantas complicaciones que nos hacen dudar, Jesús nos ve como hombres regenerados y posicionados para conmover. Ya no serviremos más a nuestros propios propósitos, sino a los de Dios.

Entonces, ¿cómo lo hacemos?

Activación de ministerio

Hemos llegado a la conclusión de que las Escrituras son claras: fuimos diseñados por Dios, por tanto, diseñados a propósito y se nos ha dado un propósito junto con habilidades, talentos y dones para ser reutilizados. Tú tienes dones únicos a tu disposición. Cada hombre los tiene. Nos los ha dado Dios, y parece que incluso antes de nuestro nacimiento Él estuvo tejiendo algo en nosotros. Dios nos creó y nos formó intencionalmente, y dio a cada uno de nosotros un papel único para desempeñar en el mismo ministerio compartido.

He aquí dos pasos sencillos que debemos dar.

Pequeños actos de obediencia diaria

> *Maestro, ¿cuál es el gran mandamiento en la ley? Jesús le dijo: Amarás al Señor tu Dios con todo tu corazón, y con toda tu alma, y con toda tu mente. Este es el primero y grande mandamiento* (Mateo 22:36-38).

Con frecuencia se hace caso omiso a la simplicidad que Jesús enseñó durante su vida. A menudo anhelamos lo que algunos llaman las enseñanzas más profundas de Cristo, pero pasamos por alto su genialidad única. En realidad, las enseñanzas más profundas se encuentran al permitir que las verdades sencillas profundicen más en nuestros corazones y arrojen luz sobre nuestras motivaciones. La enseñanza anterior es sencilla con efecto profundo. Esto es lo que la convierte en el más grande mandamiento.

Esto es lo que quiero decir.

Aunque inicialmente yo sepa que Dios desea que lo ame con todo mi corazón, alma y mente, pasaré toda la vida descubriendo lo que realmente significa esto. Al principio puedo creer que lo amo completamente, solo para descubrir, después de numerosos fracasos diarios, que hay muchos lugares en mi vida en que sigo resistiéndolo. Con el tiempo descubro que aún no lo he amado de todo corazón, alma y mente. Así que debo dejarlo que me ame más plenamente cada día para que a su vez yo pueda amarlo, y amar a los demás, con mayor plenitud.

No obstante, Jesús hace esto con todo. Lo hace todo sencillo. Incluso nuestro llamado a una vida de ministerio. Así es como Jesús hace esta invitación:

> *Andando Jesús junto al mar de Galilea, vio a dos hermanos, Simón, llamado Pedro, y Andrés su hermano, que echaban la red en el mar; porque eran pescadores. Y les dijo: Venid en pos de mí, y os haré pescadores de hombres. Ellos entonces, dejando al instante las redes, le siguieron* (Mateo 4:18-20).

Lo que los hombres complicamos demasiado, Jesús lo simplifica. «Venid en pos de mí». Eso es todo. Ahí es donde comienza una vida de ministerio, de buenas obras y de servicio. Jesús llama y nosotros vamos con Él.

En su mayoría, los hombres pensamos demasiado en esto y lo complicamos más. Con frecuencia creemos que estamos buscando un llamado en sentido ocupacional, una tarea continua y especializada que podamos hacer para Dios. Este no es el caso. En realidad, este no es nuestro llamado en absoluto; Jesús es quien llama. Lo que buscamos es «ir en pos de Él». Estamos llamados solamente a seguir. Al hacerlo nos volvemos más como Cristo. A diario somos transformados y nos enamoramos más de Él de todo corazón, alma y mente. Nos sometemos constantemente a una reutilización regular. Esta reutilización, iniciada por Cristo y fortalecida por el Espíritu Santo, obra para hacer morir los caminos de la carne y despierta motivación piadosa. Es por este poder que realizamos el ministerio diario, las buenas obras y los actos de servicio.

> *Y todo lo que hagan o digan, háganlo en el nombre del Señor Jesús, y por medio de él acérquense a la presencia de Dios con acción de gracias* (Colosenses 3:17, NBV).

Esto significa que nuestro ministerio no es un trabajo más. Aunque hay personas allá afuera que ejercen el ministerio como una profesión, no te confundas… el ministerio no es un trabajo. Ministerio es todo lo que hacemos por medio del Espíritu. Cada palabra y acción debe proceder de esa relación y promover el propósito de Dios. Muchos recién llegados a la fe cristiana mirarán a los ministros profesionales pagados y supondrán que su formación los convierte en los únicos calificados para ejercer el trabajo. Es fácil llegar a suponer esto, pero no es la conclusión correcta.

En su raíz, el ministerio es una acción, no un trabajo ni un título. Solo porque alguien sea pagado para hacer el trabajo ministerial, y tenga un título que lo designe como uno de los líderes dentro de la iglesia, no significa que únicamente tales personas sean ministros. Revisa lo que Pablo declara al respecto.

> *Cristo dio los siguientes dones a la iglesia: los apóstoles, los profetas, los evangelistas, y los pastores y maestros. Ellos tienen la responsabilidad de preparar al pueblo de Dios para que lleve a cabo la obra de Dios y edifique la iglesia, es decir, el cuerpo de Cristo* (Efesios 4:11-12, NTV).

El concepto que Dios tiene del ministerio es amplio e inclusivo. Incluye a todo su pueblo en la obra del ministerio. Es decir, hombres como tú y yo. Todos somos ministros. A diario realizamos acciones ministeriales, o lo que Pablo llama aquí la obra de Dios. Y el ministerio requiere conciencia diaria y esfuerzo diario, que se refinan con retos diarios. El ministerio se aprende y desarrolla por medio de éxitos y fracasos diarios en seguir a Jesucristo.

Y aquí está quien lo inició todo: nuestro primer ministro, Jesucristo.

> *El Hijo del Hombre vino a buscar y a salvar lo que se había perdido* (Lucas 19:10).

Nuestra respuesta a esto es permitir que Jesús nos ministre y luego corresponder conforme a lo que recibimos. Ministramos porque Él nos ha ministrado. Cuando vemos el ministerio como una actividad nos sometemos entonces al proceso.

> *Si me amáis, guardad mis mandamientos* (Juan 14:15).

> *El que guarda sus mandamientos, permanece en Dios, y Dios en él. Y en esto sabemos que él permanece en nosotros, por el Espíritu que nos ha dado* (1 Juan 3:24).

> *Sed hacedores de la palabra, y no tan solamente oidores, engañándoos a vosotros mismos. Porque si alguno es oidor de la palabra pero no hacedor de ella, este es semejante al hombre que considera en un espejo su rostro natural. Porque él se considera a sí mismo, y se va, y luego olvida cómo era. Mas el que mira atentamente en la perfecta ley, la de la libertad, y persevera en ella, no siendo oidor olvidadizo, sino hacedor de la obra, este será bienaventurado en lo que hace* (Santiago 1:22-25).

Cuando se trata de nuestro ministerio, creo que luchamos demasiado en la contemplación de nosotros mismos, lo que nos lleva a dudar. Lo pensamos demasiado, anhelando demasiada seguridad antes de empezar. Tal vez prosperamos con el sentimiento concreto de alguna clase de afirmación y confianza propia. Pero piensa en esto: ¿Sabía Abraham que sería llamado el padre de la fe cuando Dios le pidió que saliera de Ur? ¿Sabía David que iba a ser llamado un hombre conforme al corazón de Dios? Ninguno de estos hombres sabía lo que Dios iba a hacer por medio de ellos o cómo serían recordados, pero actuaron en forma obediente. Actuaron como hombres llamados. Realmente no creo que hayan pasado mucho tiempo dudando de su decisión de obedecer. Incluso el apóstol Pablo lo expresó sencillamente: ¿Cuál fue su objetivo? Culminar la tarea y testificar de las buenas nuevas de la gracia de Dios. Pablo simplemente obedeció; sus títulos, su identidad y todos los demás asuntos periféricos se desarrollaron con el tiempo. A través de su obediencia llegamos a conocerlo como escritor, consejero de la iglesia, evangelista, apóstol y maestro. Pero si te preocupas por los títulos comenzarás a pensar demasiado; y si procedes así, acabarás dudando.

He aquí un ejemplo personal. Podrías identificarme rápidamente como escritor o conferencista, pero extrañamente tardé años en llamarme incluso por esos títulos. ¿Por qué? Bien, porque no vi mis talentos, habilidades y dones del mismo modo en que Dios (y los demás) los vieron. Todavía me siento un poco incómodo al aceptar esos títulos. Al igual que tú, rápidamente puedo descalificarme. Creo que la mayoría de los hombres hacen esto.

Como hombre de Dios debes preocuparte menos de los títulos ministeriales y pasar más tiempo simplemente siendo obediente. Da un paso tras otro, sigue el llamado de Dios y en el camino podrías encontrar un título. A lo largo del camino de la obediencia descubrirás pasiones, talentos, habilidades y dones que harán avanzar de manera rutinaria los propósitos de Dios a través de ti hacia los demás. Aprovéchalos para los propósitos del reino, en obediencia y a través de ella.

Considera esta pregunta: ¿Cómo quiere Dios que lo sigas hoy día en obediencia? Responde ahora esta pregunta y luego actúa en consecuencia. Es más, haz esta determinación cada día de esta semana, y los resultados te animarán a continuar esta rutina por el resto de tu vida. A medida que sigas a Dios descubrirás cómo Él está dando forma y nombre a tu llamado. Podrás mirar hacia atrás, asombrado por el ministerio que Dios ha estado logrando a través de ti, y podrías incluso descubrir que los demás te darán títulos a lo largo del camino.

Pequeños actos de influencia diaria

> *Así que, hermanos míos amados, estad firmes y constantes, creciendo en la obra del Señor siempre, sabiendo que vuestro trabajo en el Señor no es en vano* (1 Corintios 15:58).

Creo que subestimamos muchísimo el poder de la influencia diaria. Nuestras vidas pueden tener una influencia extraordinaria cuando actuamos con integridad y coherencia durante un período prolongado. Al mantenernos firmes, siendo inflexibles y dedicados a las buenas obras, las personas que nos rodean se verán inspiradas a cambiar su propia conducta. La integridad es un trabajo duro, pero sus efectos se multiplican más allá de nuestras expectativas.

A menudo perdemos la oportunidad de ejercer influencia diaria porque nos encanta la idea de una solución rápida, la vía vertiginosa hacia una repercusión asombrosa. Los hombres llegamos incluso a alabar e idolatrar este comportamiento miope cuando vemos que otros lo utilizan con éxito para conseguir lo que quieren. Pero la simplicidad a largo plazo y el poder de la influencia diaria tienen resultados compuestos. Solo pregúntale a cualquier persona de finanzas sobre el poder del interés compuesto. Algo hecho con regularidad por bastante tiempo tiene consecuencias increíbles y puede producir influencia sostenida.

Escucha las palabras de Pablo a los creyentes en Roma:

> *Porque testigo me es Dios, a quien sirvo en mi espíritu en el evangelio de su Hijo, de que sin cesar hago mención de vosotros siempre en mis oraciones, rogando que de alguna manera tenga al fin, por la voluntad de Dios, un próspero viaje para ir a vosotros. Porque deseo veros, para comunicaros algún don espiritual, a fin de que seáis confirmados; esto es, para ser mutuamente confortados por la fe que nos es común a vosotros y a mí. Pero no quiero, hermanos, que ignoréis que muchas veces me he propuesto ir a vosotros (pero hasta ahora he sido estorbado), para tener también entre vosotros algún fruto, como entre los demás gentiles. A griegos y a no griegos, a sabios y a no sabios soy deudor. Así que, en cuanto a mí, pronto estoy a anunciaros el evangelio también a vosotros que estáis en Roma. Porque no me avergüenzo del evangelio, porque es poder de Dios para salvación a todo aquel que cree; al judío primeramente, y también al griego* (Romanos 1:9-16).

Me encanta lo que Pablo hace aquí. Al principio podría parecer poco menos que obvio, pero él explica su ministerio como obediencia a Cristo. También intercala su deseo de una influencia continua por una relación comunitaria continua con ellos. De modo sincero hace referencia a su ministerio y explica lo mucho que desea ejercerlo con ellos. Aquí está el análisis; es muy sencillo.

- Predicación
- Oración
- Planificación
- Entorpecido, por ahora
- Pero de todos modos seguiré predicando sin vergüenza alguna

Esta fue una lista fácil para Pablo. No hacía falta ser una lumbrera. En realidad, podríamos decir incluso que Pablo es demasiado simplista. No buscaba ningún título ni notoriedad entre los cristianos romanos. Deseaba demostrar obediencia, participar en pequeños pasos de influencia activa y esperanzadora por bastante tiempo. Permaneció allí hasta que Dios abrió la puerta siguiente, y luego la próxima, y la subsiguiente. Y ya que no pudo estar con esta congregación en persona, persistió. Pablo extendió la influencia de su ministerio escribiéndoles una larga carta que conocemos como la epístola a los Romanos, uno de los libros más influyentes de la Biblia. Su mensaje no solo llegó al pueblo de Roma, sino que nos llega hoy día.

Con toda seguridad Pablo no tenía ni idea de que este estorbo a la influencia iba a resultar en un efecto aún mayor para el reino.

Con toda seguridad Pablo no tenía ni idea de que este estorbo momentáneo a la influencia iba a resultar en un efecto aún mayor para el reino. El deseo de Pablo era predicar personalmente a los cristianos en Roma, pero Dios sabía que la carta tendría una influencia aún mayor con el tiempo. Aunque a Pablo le preocupaba que el plan divino pudiera verse frustrado, Dios en cambio lo llevó por un camino aún más influyente no solo para Roma, sino también para el planeta Tierra. Pero Pablo tenía que dar ese pequeño paso en lugar del que había anticipado.

En ocasiones los pasos pequeños son los más importantes. Pablo era un maestro en la comprensión de esta clase de influencia: un pequeño paso de influencia diaria.

Pablo mantuvo su influencia al dar un pequeño paso en lugar de los que había deseado dar.

Como hombre de Dios debes percibir la oportunidad que tienes de influir en quienes te rodean. En este momento ya dispones de una cantidad de círculos de influencia. Aquí hay cuatro círculos principales de influencia de todo hombre: casa, trabajo, vecinos y amigos. Hay personas a tu alcance todos los días. Dios te ha dado estos círculos y las personas dentro de ellos, y debes ministrarles primero. Este es tu círculo de influencia. Con frecuencia les hacemos caso omiso, pero no deberíamos hacerlo. Ellos son nuestro primer ministerio.

> *Oye, Israel: Jehová nuestro Dios, Jehová uno es. Y amarás a Jehová tu Dios de todo tu corazón, y de toda tu alma, y con todas tus fuerzas. Y estas palabras que yo te mando hoy, estarán sobre tu corazón; y las repetirás a tus hijos, y hablarás de ellas estando en tu casa, y andando por el camino, y al acostarte, y cuando te levantes. Y las atarás como una señal en tu mano, y estarán como frontales entre tus ojos; y las escribirás en los postes de tu casa, y en tus puertas* (Deuteronomio 6:4-9).

Estas palabras se destacan entre las Escrituras del Antiguo Testamento. Dios sabe que un hombre que obedece primero a Dios y que aprovecha esa obediencia para influir en quienes lo rodean, con el tiempo cambiará él mismo y cambiará a su hogar, a su familia, a su nación y a su cultura. Hay mucho potencial dentro de un solo hombre que se alinea con Dios y luego influye en otros a lo largo del camino. Piensa primero en aquellos con quienes hablas, te sientas, caminas, te acuestas y te levantas en casa. Allí es donde principalmente se sentirá tu influencia. Debes comprender el poder de los pequeños actos de influencia diaria.

A veces olvidamos que tenemos una esposa que orientar, hijos que disciplinar, empleados que guiar y vecinos que servir. Vivir en obediencia piadosa a ellos es donde comenzamos; debemos influir a diario en ellos con pequeños pasos durante bastante tiempo. Recuerda, tu ministerio no tomará forma de la noche a la mañana. Pero no tomará forma en absoluto a menos que realices el trabajo diario que se requiere.

Así que juntémoslo

Así que ahora, para darle fuerza, debemos ensamblar un poco.

Obediencia + Influencia = Máxima repercusión

Cuando vivimos en forma obediente ejercemos naturalmente nuestra influencia. Por ejemplo, digamos que mi paso de obediencia hoy es «hablar con más amabilidad a mi familia». Este solo acto de obediencia, hecho a diario, puede tener un enorme resultado en los demás, pero subestimamos su influencia. Por tanto, convencido de mis palabras desconsideradas, decido tener una reunión familiar después de la cena. Dirigiéndome primero a mi esposa frente a mis hijos, expreso algo más o menos así:

> *Me he dado cuenta de que últimamente he estado volviendo a casa tensionado por los problemas en el trabajo y me he desahogado con cada uno de ustedes. En primer lugar, quiero que cada uno sepa que lamento eso, y en segundo lugar sepan que me voy a esforzar por hablar con más amabilidad a cada uno de ustedes.*

Esta es una declaración de confesión y arrepentimiento que comunica mi convicción espiritual y sirve de ejemplo de mi obediencia a Dios. La mayoría de las veces haremos estas declaraciones en privado, pero en ocasiones tendremos que hacerlas públicas. Al afrontar públicamente nuestras equivocaciones hacemos que nuestra obediencia sea visible a todos. No hacemos esto para aparentar, sino más bien para demostrar humildad y ponernos bajo responsabilidad. Este es el liderazgo espiritual del yo.

No obstante, dando un paso más allá, podemos aprovechar adecuadamente este momento para influir en los demás. Se podría añadir esto:

> *También he notado que esta conducta ha afectado el modo en que cada uno habla con los demás. Y esto no me hace feliz. Debemos encontrar mejores maneras de interactuar unos con otros. Por eso quiero que se unan a mí en hablarnos mutuamente con más amabilidad. Centrémonos en ser positivos e inspiradores, y en utilizar un tono más efectivo entre nosotros en casa.*

Eso sí que es influencia. Ese podría ser un momento de orientación que cambia una familia para siempre. Tu esposa y tus hijos nunca lo olvidarán. En primer lugar, porque es algo sincero y revelador respecto de tu deseo de ser más obediente. En segundo lugar, porque utilizaste ese momento para enseñarles e inculcarles una manera diferente de vivir. Ahora imagina toda una vida de momentos como este con tu familia. ¿Te imaginas un ministerio más poderoso? Pues esa es la enseñanza de Deuteronomio 6.

Ahora haz lo mismo no solo en casa, sino también en el trabajo y con tus amigos y vecinos según Dios lo permita. Haz lo mismo en tu interacción diaria con las personas, pero mantenlo aún más sencillo y operativo.

Hola Juan. Ayer en el trabajo fui un poco duro contigo. Solo quería decirte que reflexioné en la forma en que manejé la situación, y esta mañana me sentí culpable y deseo disculparme. Simplemente sé que estoy trabajando en esto, y quiero encontrar mejores maneras de interactuar.

Entrenador, en el ejercicio de ayer sentí que manejamos mal las cosas. Estuve pensando e incluso orando al respecto esta mañana, y me gustaría ayudar a fomentar un espíritu diferente en nuestro equipo. ¿Hay algo que yo pueda hacer?

Stacey, ayer me di cuenta de que estabas teniendo un mal día. ¿Hay algo por lo que hoy pueda orar por ti?

Esto es ministerio. Es ministerio que solo tú puedes llevar a cabo. Cuando sigues a Jesús, tu vida resulta en influencia, pero todo el tiempo damos esto por sentado. No deberíamos dudar para actuar en consecuencia, y hacerlo frecuentemente.

Debemos recordar las acciones posteriores que siguen. Se trata de obediencia más influencia adicional. El modo en que obedecemos, el carácter por el cual obedecemos y la utilización espiritual que hacemos al obedecer determinan cuánta influencia ejercemos. Por tanto, al hablar con mayor amabilidad a todos en mi casa, la manera en que obedezco, el carácter mediante el cual obedezco, y la utilización espiritual que yo haga mientras obedezco es el modo en que influyo en mi familia para el reino. Esto tiene el poder de cambiarnos y de cambiar a quienes nos rodean… para siempre.

La obediencia resulta en influencia.

Los varones subestimamos la influencia espiritual que tenemos. Quizás vemos nuestro mundo con nuestra vista natural. Pero deberíamos ver el mundo espiritualmente. No eres simplemente fontanero, constructor, trabajador de la construcción, diseñador, líder, consejero, conferencista, escritor, compositor, asesor o administrador. Hay una realidad espiritual detrás de cada uno de esos roles. El título que realmente tienes es mucho más importante que todos estos, e informa tu identidad espiritual. Eres un siervo de Cristo. Este título es más grandioso que la suma de todos estos roles juntos. Amigo, eres un siervo del Dios Altísimo. Todo lo demás es secundario, incluso esa ocupación que tienes en tan alta estima. Aunque hoy día seamos fontaneros, constructores, trabajadores de la construcción, diseñadores, líderes, consejeros, conferencistas, escritores y administradores, primero somos siervos de Cristo. Creo que por esto es que muchos de los escritores del Nuevo Testamento afirman este título con tanta prevalencia. Observa sus títulos autoproclamados:

Pablo, siervo de Jesucristo (Romanos 1:1)
Simón Pedro, siervo y apóstol de Jesucristo (2 Pedro 1:1)
Santiago, siervo de Dios y del Señor Jesucristo (Santiago 1:1)
Judas, siervo de Jesucristo (Judas 1)
Su siervo Juan (Apocalipsis 1:1)

Sin embargo, como hombres cristianos, Dios nos da poder redentor sobre su creación. Esto se lleva a cabo como siervos de Dios y es nuestra identidad principal. Aunque los demás podrían identificarnos por títulos naturales, estos pasan a un segundo plano radical en nuestras vidas. Al igual que Pedro, quien una vez fue pescador, luego se transformó en pescador de hombres. Así como Pablo, quien una vez fue perseguidor de cristianos, luego se transformó en predicador a las naciones. Nuestras capacidades al parecer naturales son mucho más útiles cuando las ponemos al servicio de Dios. Podemos redimir actividades que parecen totalmente profanas.

Tomemos por ejemplo la crucifixión. Este era un método muy real y horroroso de ejecución. Pero el carácter de Jesús, la manera en que murió y la petición espiritual que hizo mientras era crucificado, convirtió un momento devastador en algo con consecuencias supernaturales que aún resuena a través del mundo actual. Y Jesús hizo esto con la esperanza de que nosotros observemos y hagamos lo mismo. Incluso actividades que con frecuencia se usan para un mal horrible pueden ser redimidas para un propósito piadoso.

Sin embargo, tenemos que reconciliarnos con nuestras grandes ideas acerca del ministerio. Las grandes ideas pueden convertirse en un gran ídolo.

Así como Dios puede redimir lo profano para sus propósitos, nosotros podemos mancillar lo que debe ser sagrado. Confieso que deseo tener gran influencia durante mi vida. Así es. Pero cualquier idea de un gran ministerio puede estar motivada por una intención egoísta. El ministerio es algo que Dios hace a través de todos nosotros, no de uno de nosotros. El ministerio no es un escenario para nuestra fama; es el plan de Dios para la redención del mundo entero. Todos representamos un papel y debemos ejecutarlo por medio de pequeños actos durante mucho tiempo; y Dios es responsable de los grandes resultados y se lleva toda la gloria. No te fascines con un gran ministerio ni pierdas el poder de tu pequeña influencia hecha a diario.

Haz esto hoy: piensa en cómo Dios podría querer usarte para afectar tus círculos de influencia en esta jornada particular. Considera los cuatro círculos de influencia ya mencionados: hogar, trabajo, amigos y vecinos. Luego nombra a las personas dentro de tu círculo de influencia a las que debes servir en obediencia activa. Y después actúa. Influye en ellos a través de tu obediencia. Y entonces repite eso mañana, e igual al día siguiente, y así sucesivamente.

Tu carácter (quién eres), tus modales (el modo en que actúas) y tu voz (lo que dices cuando actúas) tienen una influencia transformadora en otras personas. Esto ocurre de forma natural. Una vez que tu carácter, tus modales y tu voz sean redimidos por Dios, y luego usados para sus propósitos, también se convertirán en herramientas de influencia piadosa.

> *Deseo veros, para comunicaros algún don espiritual, a fin de que seáis confirmados; esto es, para ser mutuamente confortados por la fe que nos es común a vosotros y a mí* (Romanos 1:11-12).

Preguntas de reflexión y debate

1. ¿Qué imagen te viene a la mente cuando piensas en la palabra «ministerio»?
2. Describe un momento en tu vida en que Dios te utilizó para ministrar.
3. ¿Cómo crees que Dios describiría tu propósito único?
4. ¿Te has descalificado alguna vez para ejercer el ministerio? ¿Cuál fue el motivo para esta descalificación personal?

Llamado a la acción

Los pasos siguientes son tu llamado a la acción en el área del ministerio.

Activación del ministerio

- **Pequeños actos diarios de obediencia:** ¿Cómo estás siendo llamado a ser obediente hoy día? Escríbelo.
- **Pequeños actos diarios de influencia:** ¿Cómo podrías utilizar este acto de obediencia para influir en otros? Escríbelo.

Si quieres ayuda para avanzar en el ministerio considera seguir conmigo el **Reto de 35 días** (solamente en inglés) que acompaña a este libro. Revísalo en línea en www.beresolute.org/called-to-act.

CONCLUSIÓN

Cómo crear un movimiento

¿Qué tal si pudiéramos empezar un movimiento de hombres? Imagina una corriente que se levante y se extienda por la nación, incluso por el mundo, a medida que los hombres respondan al llamado de Jesús. Imagina una nueva generación de individuos no caracterizados por la apatía sino por la acción obediente.

Continuamente me reúno con hombres que tienen esta clase de pasión. Anhelan comenzar un movimiento de hombres en sus iglesias, en sus comunidades y más allá.

Sin embargo, escucha esto: ya existen en todo el mundo miles de estos micromovimientos para hombres. Y la mayoría son pequeños. Algunos se enfocan en aventuras, algunos más en retiros, otros en conferencias y otros más en el discipulado. Cualquiera que sea su enfoque, cada uno reivindica el tema en cuestión, llamando a los hombres a actuar.

Quiero que notes la palabra clave aquí: pequeños.

Amigo, somos una pequeña parte de un movimiento en expansión y muy desorganizado, pero no dejes de ver la creatividad en esto.

El medio eterno de preparar a los hombres para escuchar y actuar se ha logrado a través de relaciones individuales o en pequeños grupos de hombres. Quizás hayas formado parte de un grupo de orientación, de liderazgo o de discipulado. El nombre es irrelevante, aunque mucha gente se empeña en definir estos grupos porque cree que tienen «la salsa» que otros no poseen. Pero solo son grupos, sin importar cómo los llamen. Deberíamos preocuparnos por los resultados.

Dentro de estas sencillas relaciones individuales, tríadas o en grupos pequeños tenemos la oportunidad de cambiar el mundo. Sí, el mundo. Nuestras reuniones al parecer insignificantes a menudo se les pasa por alto porque no tienen el estilo de un ministerio grande, emocionante, próspero y atractivo de hombres. Pero los grupos pequeños e íntimos pueden ser la mejor opción para forjar un movimiento a nivel mundial. Este método se ha probado, ¿y sabes qué? Funciona.

He aquí la evidencia.

Hace dos mil años Jesús reunió a doce hombres que hasta entonces habían pasado desapercibidos: Tomás; Simón el zelote; Felipe; Simón Pedro; Mateo; Judas; Judas Iscariote; Juan; Jacobo, hijo de Alfeo; Jacobo, hijo de Zebedeo; Bartolomé y Andrés. Estos hombres fueron llamados en diferentes momentos y tuvieron una variedad de experiencias de vida y habilidades profesionales. Jesús invirtió solamente de dos a tres años en estos hombres desde el momento que llamó al primero hasta su muerte en la cruz. Y en este tiempo, este grupo pequeño de hombres aprendió a escuchar, actuar y ayudar al mundo a escuchar y actuar. Es más, hoy día estás leyendo este libro debido a lo que Jesús invirtió hace dos mil años en estos doce hombres. A través de la repetición de actividades regulares, Jesús desarrolló hombres llamados a actuar.

No cabe duda de que, en algunas reuniones masivas, y en enormes acontecimientos, pueden suceder cosas dignas de mención, pero no la transmisión eficaz del evangelio y la masculinidad.

Recuerda el objetivo final: ayudar a los hombres a escuchar y actuar; ellos necesitan a lo largo del camino orientación adaptada específicamente para sí mismos. Si la «orientación masiva» funcionara, Jesús la habría puesto en práctica. Pero ni siquiera Él, el Rey de Gloria, lo hizo así.

Por tanto, crea un movimiento

Nuevamente, no compliques esto demasiado. Es bastante sencillo. Los movimientos comienzan siendo pequeños y con la obediencia fiel de unos pocos. Empieza con un grupo más pequeño y, simplemente, lleva a cabo estas tres cosas (y solo estas tres cosas). No le añadas ni le quites.

Los hombres

Lo primero que debes hacer es seleccionar algunos hombres. Jesús hizo lo mismo. Salió y seleccionó a doce. Estos fueron los hombres con los que se relacionó; creyó que ellos se beneficiarían del movimiento en una variedad de formas. Jesús no puso un anuncio en el programa de la iglesia ni hizo un comunicado desde la plataforma; salió al mundo y seleccionó a los hombres que quiso. No planificó un ministerio de varones, no levantó una infraestructura, ni siquiera elaboró un plan de negocios de multinivel. Si quieres iniciar un movimiento, aquí es donde comienza: contigo invitando a un hombre. Luego a otro. Y después a otro.

No se necesita mucha creatividad para seleccionar tus propios hombres. En cierto sentido, consigues todo lo que eliges. Así que sal a buscar a los hombres de la edad, el sector demográfico, la madurez y los retos que deseas alcanzar. Puedes seleccionar aquellos que crees que serán los más responsables para tu liderazgo. Y, ya que esto es exactamente lo que Jesús hizo, hazlo tú también.

Sin embargo, he aquí la única clasificación que deberías tener en cuenta al escoger a tus hombres. Selecciona individuos que estén hambrientos. No físicamente hambrientos, porque todos experimentamos hambre física. En lugar de eso, busca hombres espiritualmente hambrientos; cada uno que escojas debe tener alguna forma de hambre espiritual. Este es el calificador definitivo de Jesús. Con esta palabra Jesús llamó a sus doce hombres: «Sígueme». Entonces aquellos que estaban espiritualmente hambrientos dejaron todo y se unieron al grupo. El primer grupo cristiano. El grupo de Cristo.

Ahora es tu turno. Escribe de uno a doce hombres que seleccionarías (sí, está bien tener menos de doce):

La reunión

Lo segundo que debes hacer para empezar un movimiento es determinar el horario y el sitio de reunión. Esto no es algo complejo, pero es un paso crítico.

Lo ideal es que selecciones una hora y un lugar que funcionen para ti y luego invita a los demás hombres. Diles dónde vas a estar y cuándo vas a estar allí, y ellos llegarán si pueden. Realmente es muy sencillo. Si titubeas en eso, los hombres que has invitado determinarán de inmediato que no eres organizado ni estás preparado. Como líder y organizador, tu presencia es fundamental, así que asegúrate de que cualquier horario que establezcas funcione para ti la mayor parte del tiempo.

Querrás condescender hasta cierto punto, pero cuando complaces demasiado, los hombres detectan debilidad y no te seguirán. Jesús fue firme, no blando en esto. «Ven y sígueme» indica alejarte de la vida que has estado llevando; te reúnes con Jesús en sus términos y en su tiempo. Entonces, ¿por qué hacer algo distinto?

Ahora es tu turno. Apunta algunos horarios de reunión que te convengan:

El material

Si hay algo complicado, es esta pregunta: «¿Qué debemos estudiar o hablar cuando nos reunimos?». Entiendo que los hombres nos sintamos así. Hoy día hay en el mercado todo tipo de estudios. Nadamos en un océano de contenido. Combina esto con el hecho de que los hombres venimos de una variedad de antecedentes, con gran cantidad de problemas y diferentes clases de madurez espiritual.

¡Tengo una idea! Hagamos a un lado el plan de estudios y utilicemos únicamente la Biblia. Desarrollemos en los hombres tan solo cinco fundamentos: oración, lectura bíblica, hermandad, rendición de cuentas y ministerio. Luego practiquemos estos fundamentos repetidamente y observemos lo que Dios hace. Después de todo, este fue el modelo de liderazgo espiritual que Jesús siguió.

Debemos pensar con más sencillez en cuanto a esto. No necesitamos más material que la Biblia. No necesitamos complicados campos de acción ni secuencia para desarrollar espiritualidad. Los hombres solo necesitamos escuchar y actuar, así que apoyemos ese proceso.

Estructura un grupo pequeño alrededor de los cinco fundamentos que se tratan en este libro. Si necesitas una idea general, haz esto:

- ORACIÓN (5 minutos). Como grupo, hagan peticiones de oración y luego oren usando el método O.P.C.A.
- LECTURA BÍBLICA (20 minutos). Como grupo, seleccionen un párrafo o una sección de las Escrituras y estúdienlo usando el método O.R.D.C.
- HERMANDAD (15 minutos). En parejas, usen el método 4-1-1 de Hermandad a fin de tener un debate.

- RENDICIÓN DE CUENTAS (10 minutos). En parejas, practiquen la rendición de cuentas D.R.
- MINISTERIO (10 minutos). Como grupo, conversen de los talentos, habilidades y dones ministeriales de un hombre y entérense cómo los utilizaron durante la última semana.

¿Cuento contigo?

Amigo lector, estoy buscando hombres para liderar grupos como estos. No importa que tengas uno, doce o cien hombres. Al responder al llamado de Dios y actuar junto con otro creyente te conviertes en parte del movimiento más grande y extendido del planeta. El mundo pasa por alto nuestros grupos de hombres, pero ¿a quién le importa? Somos hombres dirigidos por Dios, instruidos por Cristo y guiados por el Espíritu Santo. No subestimes el poder de tu pequeña y descentralizada célula (o tribu o grupo) dentro del movimiento. Quizás ustedes sean pocos, pero eso no cambia la influencia que Dios puede tener a través de las acciones del grupo. Recuerda que Dios se manifiesta ante una acción fiel, no lo hace por tu cantidad personal de seguidores. Así que únete al movimiento. El movimiento de Dios. Y comprométete.

> *Y todo lo que hacéis, sea de palabra o de hecho, hacedlo todo en el nombre del Señor Jesús, dando gracias a Dios Padre por medio de él* (Colosenses 3:17).

> *Jesús dijo a sus discípulos: Si alguno quiere venir en pos de mí, niéguese a sí mismo, y tome su cruz, y sígame. Porque todo el que quiera salvar su vida, la perderá; y todo el que pierda su vida por causa de mí, la hallará. Porque ¿qué aprovechará al hombre, si ganare todo el mundo, y perdiere su alma? ¿O qué recompensa dará el hombre por su alma?* (Mateo 16:24-26).

Si eres líder de un grupo, me encantaría saber de tus aventuras. Puedes llamar, enviar un mensaje de texto o un correo electrónico en cualquier momento:

Vince Miller | 651-274-8796 (Estados Unidos) | vince@beresolute.org | www.beresolute.org

EL DEVOCIONAL DIARIO DE HOMBRES

Echa un vistazo también al *Devocional diario de hombres*, es corto, agradable y va al grano. Puedes encontrarlo en la página de inicio de nuestro sitio web en beresolute.org, o simplemente ve a mensdevo.org (recurso disponible en español).

UN LLAMADO A ACTUAR

Estudio bíblico de cinco sesiones guiado por video

En el sitio web de Resolute puedes acceder al estudio de cinco sesiones que prepara hombres en las cinco disciplinas contenidas en la segunda parte de este libro. Vince Miller te guiará y guiará a los hombres que lideras a través de un estudio interactivo e interesante que los motivará a integrar estas disciplinas en cada patrón de sus vidas. Échale un vistazo a este y a todos los materiales de Resolute para grupos pequeños en www.beresolute.org (recursos disponibles solo en inglés).

EDITORIAL
PORTAVOZ

NUESTRA VISIÓN

Maximizar el efecto de recursos cristianos de calidad que transforman vidas.

NUESTRA MISIÓN

Desarrollar y distribuir productos de calidad —con integridad y excelencia—, desde una perspectiva bíblica y confiable, que animen a las personas a conocer y servir a Jesucristo.

NUESTROS VALORES

Nuestros valores se encuentran fundamentados en la Biblia, fuente de toda verdad para hoy y para siempre. Nosotros ponemos en práctica estas verdades bíblicas como fundamento para las decisiones, normas y productos de nuestra compañía.

Valoramos la excelencia y la calidad.
Valoramos la integridad y la confianza.
Valoramos el mérito y la dignidad de los individuos y las relaciones.
Valoramos el servicio.
Valoramos la administración de los recursos.